不虚荣，不攀附

做一个爱笑的女子

翎馨 著

SPM
南方出版传媒
广东人民出版社
·广州·

图书在版编目（CIP）数据

做一个爱笑的女子：不虚荣，不攀附/翎馨著. —广州：广东人民出版社，2018.1（2020.1重印）
ISBN 978-7-218-12346-2

Ⅰ. ①做… Ⅱ. ①翎… Ⅲ. ①女性—家庭教育 Ⅳ. ①G78

中国版本图书馆CIP数据核字（2017）第286428号

ZUO YI GE AI XIAO DE NÜ ZI：BU XU RONG，BU PAN FU
做一个爱笑的女子：不虚荣，不攀附
翎馨 著

出 版 人：肖风华

责任编辑：赵世平
封面设计：Yolanda. 高
责任技编：周 杰

出版发行：广东人民出版社
地 址：广州市新港西路204号2号楼（邮政编码：510300）
电 话：（020）85716809（总编室）
传 真：（020）85716872
网 址：http：//www. gdpph. com
印 刷：阳谷毕升印务有限公司
开 本：787mm×1092mm 1/16
印 张：14.5 字 数：170千
版 次：2018年1月第1版 2020年1月第2次印刷
定 价：48.00元

如发现印装质量问题，影响阅读，请与出版社（020-85716849）联系调换。
售书热线：（020）85716826

目录 CONTENTS

| 01 |

你要笑着去迎接人生那些不期而遇的狗血

想必很多人在电视里都看到过这样的戏码：在你痛哭流涕的时候，总会伴随着狂风暴雨，好像再惨烈都不为过。电视剧中的女主角，她们总会在哭得不能再继续的时候，给自己一个微笑，说：“没关系，我要努力，会更好的！”那些笑着去迎接她人生中各种不期而遇的狗血事情的女主角总会在最后幸福地生活下去，上演一出 happy ending。

生活虽然不是电视剧，但艺术本就源于生活，然后高于生活。人们都会在生活的过程中遇到好些烦心事，人生中总会有那么一些不期而遇的狗血情节上演，若是我们发脾气、沉醉在自己的伤痛中，无疑又是给了他人另外的一种可以攻击你的理由。而微笑不仅是铠甲，也是你的盾牌，它能够让你更好地审视自己此前的痛和不足，让你在面对人生中其他挑战的时候，能够拥有力量去战胜、去拥抱。

我有这样的一个朋友，她叫小琪，她遇到的好些事情让人感觉她的人生就是一个彻头彻尾的悲剧。可是她并不是一个悲观的人，或者说，要是换成是我，我绝对不能做到像她那样乐观。哪怕命运给予她那么多打击，她始终都不曾放弃过对自己的打造，并坚信自己终将遇到更好的人生。

在她上小学的时候，她知道了自己不是父母的亲生女儿，父亲并不喜欢她。一旦父亲在外遇到一些不如意的事情，她会成为父亲的出气筒，拳打脚踢根本就称不上是惩罚。我曾经看到她爸爸因为怀疑她偷了家里的钱，将小小的她拎起来毫不留情地丢向墙角，就像是丢出去一个球，灰尘与碎屑瞬间沾满她的全身。她缩在那个角落，默默地流眼泪，看着那个暴怒中的父亲，她什么也不能做。等到她爸爸翻箱倒柜，在沙发下面发现了要找的钱后，也不向她道歉，只是看一眼她，就离开被他打过的女儿身边。而她便起身，沉默地去做家庭作业。

她并不是一个温和的女生，可是哪怕时不时会遭遇父亲的暴力，她也不曾冲着她的父亲歇斯底里地哭泣，而是默默地擦掉眼泪，承受着这一切；她并不会向别人说自己在家中受到的伤，在学校里的她就像是一个大姐大一样，笑着、闹着。

在她读完初中后，父亲已经不愿意让她上学了，于是，她开始进厂务工。那是一个纯粹卖劳动力的工场，每天 12 小时的上班时间，对于一个还未成年的女生来说，磨砺的不仅仅是体力，还有脑力与精力。但她感到高兴，因为自己能够积累一些钱，能够给稍微疼她的母亲一点生活补贴，然而日子并没有过多久。有一天她忽然面瘫了。不是因为高冷而面瘫，而是真正地病了，左脸病变，面瘫了。对于一个十六七岁的姑娘来说，这该是一件多么恐怖的事情——独自一人在外，无依无靠，还遇上了一种莫名其妙的病变。

我知道她生病和再见到她的日子间隔了一个月，暑假的一天，我正在做着英语模拟题，她忽然出现在我的视野范围，她冲我笑笑，因为面瘫，她脸上的弧度并没有什么变化。因为从来都不知道什么是面瘫，也不清楚这样的一种病到底是怎么一回事，于是我稍显得有些没心没肺地问她：“听你妈妈说你面瘫了，面瘫是怎么一回事？”

她鼓起自己的嘴，我没有明白她的意图，然后她说：“看，这个鼓起来，左边的脸没有反应，神经已经麻木了。这就是面瘫，明白了吗？”

我后知后觉地感觉到自己好像伤害到她的时候，她对我摆摆手：“我觉得没有什么，我知道自己这个面瘫没有多严重，以后不会选择去那样的工厂上班了，也许很快这个病就能治好了，没有必要觉得我可怜呢！”

我上大学的时候，她的工作刚有些起色，可是她的母亲生病了，医药费全是她付的，虽然花光了她的积蓄，可是，命运并没有怜惜她，她的母亲还是走了。她母亲走了，带走了她在这个世界上所剩无几的亲情，也曾让她一度陷入崩溃的边缘，好多次，她都在朋友圈和说说中透漏出对这个世界没有留念的想法。与此同时，她的父亲和哥哥就像是吸血鬼一样总在她身上索取，她不同意他们安排的结婚对象，他们就说要和她断绝关系。

她消沉了好久，告诉我说，生活给了她太多的打击，一个又一个，让她哭过了笑，笑过了后又是一次暴击。

可是，忽然有一天，她满血复活了，她带着笑，带着对于生活的期待出现在我的视野中，她去参加攀岩、去骑行、去参加团队活动。从天南走到地北、从这个地方跑到那个地方，每一张相片中都能看到她仰着头、扬着笑，对着镜头活力四射。我问她：“现在已经是完全地放开了，活出自己的色彩了吗？以前的笑容感觉总有些不那么真实，现在发现你是发自内心地笑呢！”

她对我说："有没有觉得我的人生其实是完全的狗血剧情，上天这个编辑或许对我特别的残酷，好像我不是地球来的，而是从敌国的星球冒出来的一样，我曾经很苦恼啊，也很难过，从心底里很自卑，就连笑也那样牵强。可是你知道吗，我发现我哭的时候，命运对我更狠，我笑起来的时候，竟然会运气好一点，而越是笑，哪怕再遇到一些狗血的不期而遇，我也会很容易地渡过那些难关。"

"我不知道未来漫漫人生中，我还会遇到多少不期而遇的狗血情节，但我得笑着过好每一个今天，让我自己不那么恐惧未来。我笑的时候，就好像我能够拥有整个美好的世界，能够拥抱美好的人生！"

"我或许因为学历、长相、家庭的原因，许多事情都做不到像好些人那样轻而易举或者一点即通，我需要很努力才能把握自己的人生轨迹，选择一种开心的生活，哪怕日子过得不太好，也要用心去感受那种美好。我不知道自己能够笑多长、多久，只知道，我能够拥有的美好时光是从笑着迎接我的生活开始的！"

都说，爱笑的女孩运气不会太差，哪怕人生中有那么多不期而遇的狗血剧情，只要心中怀抱着一个更美好的期待，能够一点点地将自己的人生规划得更妥当，那么更美好的人生的到来，虽然会慢一点、迟一点，可是最终它会来到你身边。

| 02 |

时光柔和又残酷，你为何要辜负

我认识的阿拉蕾并不是一个热衷于争分夺秒的人，她习惯性地把事情积累到最后才做，她不在乎时间花在哪里，也不认为需要珍惜时光。日子一天天地过去，她就像阿姨说的那样，除了年龄增长外，没有一点额外的长进。然而阿拉蕾最近组织了一场线下交流会，她在交流会完了后跟我分享她的交流心得，我才发现她的变化实在是太大。

阿拉蕾说："以前我觉得，工作之余的时间应该彻底的放松，逛淘宝、刷微信朋友圈和微博、看几部电视剧，日子很快就过去了，可是这个过程中真的一点东西都学不到，等到虚度了年华以后，我步入了三十岁宝妈生涯，我发现自己什么也不会，除了一脸的褶皱和雀斑，什么都没有提高，这样的生活真的是我要的吗？"

或许在生活中，我们很多人都有这样的感觉，大家都高喊着我要做很美好的自己，我要有更好的人生，可是实际上做的事情却往往并不是真正能够提高自己涵养的事情。一些姑娘喜欢晒自己的学习，给自己拟列书单，给自己购买各个学习平台的课程，可是那些购买的书籍放在书架上，都落满了一层灰，还没有见到翻几页；那些下载的学习软件在点开过、注册登录过几次之后，就再也没有进入过；那些为知识付费购买的课程也没有仔细地跟进课程的内容，转化为自己的所得。

我们乐得将时间花费在毫无意义的事情上，哪怕这些事情只是浪费时间，只是让你多了一个感叹韶华易逝的借口和自嘲式的调侃，然而时光就是这样柔和，让你不觉得亏待它就是亏待你自己，因为它不会在你浪费的时候对你歇斯底里地呵斥；可是，时光也是非常残酷的，在你不知不觉中，让你沉溺在那所谓的柔和中，不思进取，作茧自缚。

阿拉蕾对我说：“我组织的这场交流会中的女孩子们，基本上是我平时在逛淘宝、看电视剧的过程中加入的一些微信群、同城群里认识的，她们看似生活无忧，但实际上是无所事事，因此总会觉得非常焦躁，多像一年前的我啊，她们渴求改变，但是没人推一把，既然这样，我就做那个推她们的人吧！”

我问：“你怎么推的？你自己又是怎么改变的？”

一年前，阿拉蕾三十岁，已经嫁人，并有了一个两岁的宝贝，因为与丈夫的父母不在一个城市，所以，孩子是由她自己带。为了带孩子，她辞职，做了全职妈妈。若是能够将家庭的琐事都处理得当，上得厅堂下得厨房，将家里整理得干干净净，把孩子丈夫照顾得仔仔细细，那她就称得上是合格的贤妻良母。

可是阿拉蕾并不能做到这些，年轻时她把太多的时间花在了购物、看电视剧、看小说以及幻想中，在家里有父母照顾，根本不用管怎样做饭、做家务，在成长过程中也完全没有想过有那么一天，自己需要承担起家庭中的角色。一天一天、一年一年，时间过去了，她却完全没有成长起来，竟然在不经意间变成了四肢不勤、五谷不分的大人。

阿拉蕾的全职妈妈之路走得好艰难，学习适应的过程并不容易。两年时间，她戒掉了许多陋习，开始审视自己，在过去的三十年里，自己究竟做了什么，得到什么，又失去什么？

生产过后的肥胖、面对新鲜事物的恐惧、不善沟通的交际障碍、逼近三十五岁却无存款的尴尬……时光似乎对她异常的残酷，她曾经虚度了多少时光，此刻就给她反馈了多少落寞与无法填补的空洞。阿拉蕾惊恐地发现，再这样下去自己就会完蛋了，她想象了一下未来自己的样子：邋遢的外形、糟糕的厨艺、习惯性索取的金钱观……哪一点都不是别人可以持久爱的样子。她的脑海中回荡起过去的日子，当初怎么觉得时光那么柔和，完全不提醒她那样的好日子就要到头了呢？现在怎么会忽然感到时光的残酷，让她这样惊恐？

她开始认真地对待生活中的事情，带着孩子开始学习如何烹饪，向妈妈请教怎样能够让自己的家里看上去不那么乱糟糟；开始不再盯着电脑和iPad，去看哪个热门的电视剧已经更新到哪一集了，不再熬夜等待电视剧的开播，而是开始去健身馆跑步、锻炼；开始跟着自己的教英语的闺蜜学习英语；开始随着团队开始自主创业、写文案、做分享……刚开始做这些事情都不容易，时间总感觉过得飞快，她需要更快地去捕捉时间的身影，从以前的宝宝睡多久她就睡多久，到后来六点多醒来整理家务、听课、做锻炼，从各个角落寻找时间的踪影，让自己能够更好地利用时间，做更多有效的事情。

“我跟她们讲了我的故事，也告诉了她们，不要总以为时间很多，今天浪费一小时，明天浪费两小时，一天一天地，浪费了多少小时，又虚度了多少光阴。等到有一天我们回首往事，想要知道过去的自己有怎样的成就的时候，我们感到那样的惊恐不安——原来我们只是活着，什么也没有做过；原来我们只是浪费了一天又一天，什么都不曾得到；原来我们只是沉溺在柔和的时光中，失去了我们的斗志。可是，懊悔已经没有价值，唯有继续前行，唯有从此刻开始珍惜时光，不要让时光给我们划来残酷的一刀。”阿拉蕾说。

我们曾经不懂为什么要珍惜时光，也不懂为什么要在有限的时间里去做更多的事情，然而我们必须清楚，我们需要在时光的照拂下成为怎样的一个人，我们不能辜负时光，因为它看似柔和地包容你的肆无忌惮，却还是会在你一如既往之后，给你挥来残酷的一刀。

| 03 |

那些有备而来的一切都是你应得的

在我们开始做一些事情的时候，我们时常会有这样的反问：我们付出的所有努力都是会回馈我们的吧？所有我们认真做过的事情都应该能够让我们有所收获的吧？如果我们有能力，我们应该得到比现在更好的待遇吧？如果我们得到了一些，我们是否能够从容不迫地去拥有它？那些我们认定了的事情，我们是否有实力去做成它？那些有备而来的一切是否是我们应得的？

生活中的每一件事情都教会了我们很多道理，我们总会不由自主地去感谢别人，感谢别人的指点、感谢别人的给予、感谢别人教会我们成长，可是我们时常忘记了那些有备而来的收获、打击、成就、失败，都是我们自己应得的，无论好与坏、美与丑，都是我们曾经做下的铺垫和留下的烙印。

我是一个政法工作者。机缘巧合之下，我从事了政法工作，上学的时候，并没有学过法律，作为乡镇的政法业务口子的人员，我自认为也不需要具有多么专业的政法水平，于是在刚开始从事这项工作的时候，我只是按照老政法干部的指点，做着陈旧的事情——社情、舆情与敌情信息，各类专报、各个督导反馈、人员协查、调查取证、信访调解等工作，我都以一种特别平常的心态对待，好像一个局外人，又似乎站错了圈子。

在我干了一个月以后，我发现自己存在严重的失误，上级政法部门开始通报：你乡社情、舆情与敌情信息人员基本情况不明、信息内容颠倒混乱；你乡人员协查调查取证不及时，未能按照督办中的内容来予以逐一反馈发函；你乡信访矛盾纠纷调处案件不清、程序错乱……诸如此类的问题通报接踵而至，我一下子慌了。可是，我们惯会为自己开脱，惯会给自己找避免惩处的借口。

在领导找我训话的时候，我说："这不是我的错吧，以前的老政法干部也没有跟我强调过这件事情应该这样做呀？他不也是像我这样做的，怎么当时他就没有错呢？我也就只做了一个月，我怎么知道这些事情该怎么做？"

领导很不满意，他说："你不是大学生吗？大学生不应该与时俱进，有不断学习的能力吗？新的文件要求怎么做就怎么做，老的做法错了，难道要一直用错误的方法去做事情吗？为什么不能想着做到更好，而是撇清错误的事情与自己的关系呢？这些通报都是因为你的原因产生的，这个月的政法补贴扣了你的，也是你应得的惩罚！"

那一刻，我开始明白，在你做了一些事情之后，这些事情所带来的后果都会由你自己来承担。不论是好是坏都是你该承担的后果，你没有理由去说这不是你的错，也没有去讨论这件事情本身的源头是否是你的认识不清还是他人的讲解不到位。

于是，从那一刻开始，我开始学习，学习各个指导性文件，学习如何分析研判写信息、如何做好反馈、如何开展调查取证，学习什么是信访矛盾纠纷调处案件的正确程序……我开始通过各种方式来让自己成长进步，让自己能够在学习过程中感受到真正的快乐，并有收获。

努力了从来都不会白费。那一年开始，我们的政法考核总是能够在全县名列前茅，通报中也不会有我们的负面报道，就算是有，也不再是因为我的错误而导致的被通报；而那些表彰性的通报文件中，却往往能够看到我的名字，就连上级考察单位的领导给我打电话核实的时候都会来上一句：“继续加油，就靠你了！”

我们总以为年轻的时候不用考虑后果，因为年轻的时候犯下的一些错误容易得到纠正，能够更轻易地获得原谅，所以才有了年轻时代的肆意妄为。有的人不愿意学习，认为考上了大学不过是换一个地方去看小说、玩王者荣耀；有的人不愿意打理自己，认为人不应该只是看皮毛，应该看到内心的美好；有的人每天都熬夜追剧，天天吃泡面、不爱吃早餐，认为这是一种更快捷的方式……

殊不知，这个世界上的所有那些有备而来的后果都是你应得的，你年轻的时候不愿意好好学习，不愿意为了上个好大学而努力，等到你面临找工作的时候，只能是被选择；你不愿意打理自己，任由自己满脸痘痘、肥胖得连呼吸都困难，可是有谁应该通过你那邋遢的外表去探视你内心的美好？连自己都不认真收拾的人，难道还能是有多自律、有多成功的人吗？你每天不健康、不规律的生活，只能给你带来像熊猫似的黑眼圈，可是你不是国宝，那并不该是你的骄傲；不吃早餐，等到胆囊炎发作的那一天，你也只能自己拖着疼痛的身体去医院进行这样那样的检查。这都是你应得的呀，它们都是有备而来的一切，因为你不曾认识到它们的重要性，它们来了，让你深刻地体会到什么是你该承受的。

不要以为那些后果是因为别人在收拾你，而所有出现的后果都不过是你自己在收拾你自己。你不曾重视过自己存在的意义，不曾重视过自己付出的精力在哪里就会收获什么，那么你就永远不会懂得你的人生中会错过什么、会遭遇什么。

你做错了事情，就该承担犯错后的惩罚；你认不清谁好谁坏，就该在接触后被欺负；你选择了以身体健康为代价的方式去做你认为正确的事情，就必定会在日后的某一天得到反噬……这是顺应自然发展规律的结果，也是必然的结果。那么在这必然的结果到来之际，你也没有必要感到疑惑，没有必要觉得不甘心、觉得愤怒，因为这不过是你应得的而已，你不能否定，也不可拒绝！

| 04 |

你的偏执到底折磨了谁

很多时候，我们总不知道该怎样去面对人生中的种种不如意，不知道怎样处理突如其来的失去，在遇到这些事情的时候，我们习惯性地偏执地拽紧手中的东西，无论是好是坏，不管这个被自己紧拽的东西是否因为用力过猛而变形、变样，也不管在这场拉锯战中自己与对方是否都在受折磨。

小C的恋爱来得有些晚，二十二岁才开始人生中的初恋。对待爱情的态度，小C期待的是有爱则有情，有爱才会有家，认定了的人，总会携手相伴一生。相爱的时候，两人眉眼里都是彼此，你在闹，我在笑，小C觉得好像命运忽然眷顾了她，让她遇到了这一生愿意托付的人，也遇到了能够给予她幸福的人。

可是，变化永远都比期待来得快。见了双方父母后，小C的父母不满意她的男朋友小A，认为小A并不足够重视她，希望她能够好好地再重新审视一下这段感情。小C是一个很乖的女孩，虽然有自己的主见，但也很听父母的话，她希望小A等她两年，让她能够将父母的工作做通了，然后再毫无遗憾地携手走入婚姻的殿堂。

可是，事与愿违，小C没有认真地去做这件事情，父母对她男朋友的偏见一天天地多了起来，而小A则感觉小C似乎并不愿意与他结婚，而他的父母却一直在催促必须在这一年结婚。恰逢其时，小A的一个学妹跟他告白了，并告诉他，自己能够做主跟小A结婚。

小A并没有告诉小C自己被小学妹告白了，也没有告诉小C两人在其他外人面前有了暧昧。可是女人的直觉那么准，这样的八卦传播的速度很快，小C很快就知道了这件事情。刚开始小C只是隐忍不发，她觉得或许这样能够获得后撤的力量，并能够认清自己的心。可是事实上，她并没有那么强的忍耐力让自己能够忍气吞声，于是她逮住了小A狠狠地呵斥，自己哭得狼狈不堪，也让小A不知所措。

小C内心知道，婚前的不忠，婚后肯定会吞针，可是她却说服不了自己去放弃这段初恋，说服不了自己去开启一段新的爱恋。而小A却因为对另外的一个女生许下了承诺，又或者是因为已经不那么爱小C了，所以，不知晓该如何去处理自己与小C之间的事情。小C不愿意放手，小A做不到决绝，两人拉拉扯扯，哭过闹过甚至都到了要肉搏的状态，还是未能将事情处理到位。

朋友劝小C："放过自己，也放过他吧，折腾了这么几个月，你不累吗？天天都以泪洗面，你不痛吗？每天都防狼一样防着他的外出和手机，不觉得都要失去你自己的生活了吗？"

小C说："我为什么要放过？宁为玉碎，不为瓦全。我不会放手，也不能放手，我放手就是成全了他们，我放手，不就是给了那个小三一个在我面前得意洋洋的姿态吗？我那么爱他，我为他做了那么多，凭什么要将这个人拱手相让？”

“可你现在也不是因为爱他而在做这些事情呀，既然你的内心已经否定了两人在一起的可能性，为什么还要这样偏执？你今年二十五岁了，再跟他折腾就错过了你的黄金择偶期了，为什么要为了一个心不在你这里的人，去放弃你将来的美好生活呢？为什么要这样偏执地拽住一个心不在你这里的人？为什么不能对自己好一点，为自己将来的生活想一想呢？你的原则、你的底线、你的骄傲都去哪里了？”朋友恨铁不成钢地对小C说着。

小C闹腾了近四个月，终于在一天看到小A与那个小学妹的表白对话后，彻底顿悟，她看着镜子中憔悴的自己，看着自己凌乱的房间，忽然之间醒悟过来：自己的偏执把那个爱漂亮、爱整洁、自律的自己弄丢了，而别人依旧能够过着别人开心的日子……

我们好多女生在面对失恋时的处理态度就像小C，明明知道那段感情已经回不去了，自己再也不能像曾经一样去爱那个已经变心的人，却还是偏执地想要将这个人锁在自己身边；明明知道已经不爱的人，再怎么挽回也挽回不了，却依旧要去撞一回南墙，哪怕头破血流也还是要去撞一撞；明明知道彼此都不能说服彼此，却依旧要闹上一回，似乎不闹上这么一回就对不起青春、对不起自己。

可是，亲爱的姑娘们，你的偏执除了不停地折磨你，还能给你带来什么？那握不住的沙，何不干脆扬了它？若是像小C一样，偏执地认为爱恋就是哪怕玉碎也不为瓦全的话，不过就是两败俱伤，我们的大好年华难道就一定要绑在一个不爱自己的人的身上？我们的大好青春难道就一定要锁在一个人的身上吗？

每一个姑娘都该在自己最青春的年华里，好好打扮自己，不仅仅打扮自己的外表，更要装扮自己的心墙。我们要给自己一个转身离开的华美身影，不能在一个坑中陷进去了，就一直不出来；不能因为有那么一个坑，就趴在坑里不愿意起来，自己待在坑里也就算了，还寄希望于别人也像自己一样待在这个坑里，那怎么可能呢？有多少人会愿意陪你窝在你搭建的低洼的坑中任人踩、凭人骂？

每一个姑娘都该有能够认清现状、做好自己的能力，哪怕生活给了自己一道重创，也不该偏执地认为那个给予自己重创的人就该倒大霉、就该被诅咒、就该不幸福。别人幸福与否你根本无法去判断，就像你无法用自己的标准去判断别人的行事准则和道德标准一样，你陷入自己的偏执中，以为能够伤到对方，能够让对方也像你一样陷入这样的状况，可是并不是啊。别人有转身离开的资本和勇气，你的偏执不过是让你自己停滞不前罢了。

我们姑娘们，原本就该有一颗从容不迫的心，有遇到事情不偏执的态度，在认真分析清楚前方道路之后，能够不偏执地去做好该做的事情，及时止损，让自己能够真正地拥有奇妙人生，不折磨自己，也不放低自己的姿态；让自己能够在抽离中看清生活的原样，能够领悟到真正的人生。

别让偏执带走最真的你，别让自己变成感情世界里的偏执狂！

| 05 |

姑娘，你大牌加身却依旧不怎样

曾经认识这样一个女孩，在她的朋友圈里，她总是在炫耀自己所拥有的各种大牌衣服、包包、香水、口红，好像通过这样的方式能够引起他人的羡慕和获得满足感，好像添加了这些外物，她能够获得更加长久的美好。可是，那些被她晒在朋友圈中的各种品牌并不是她自己拥有的，她只是在圈中炫耀自己见过这些东西，也在看这些东西有多大的可能性成为自己的，并宣言：砸锅卖铁也一定要买这些东西。

许多女孩子都有这样的希望，希望自己能够大牌加身，成为范冰冰那样美艳的女子。有人哪怕初次在人群中出现并不起眼，却因为一身绯闻和娇美的容颜变成了现在的一线明星。因此有的人开始去购买那些奢侈的物品，有的人开始整容，让自己变得美丽，许多网红就这样诞生了。

然而，就像奇葩说里一位选手说的：“你可以一天整成范冰冰，但是你却不能一天读成杨绛或林徽因。”外表的美丽、外在的妆容并非不重要，可是却远不如心中的充实与美满来得让人惊心动魄。

近来，经常有这样的新闻：女孩为了购买所谓的大牌衣服，去卖卵子，被黑机构给骗得差一点就丧命在手术台；有的女孩为了能够用上那些所谓的品牌化妆品和精美的装饰品，竟然公然明码标价，将自己当作一个物品，供人“采摘”；有的女孩为了能够过上更奢侈的生活，进行裸聊，甚至将自己的社交工具作为一个公众淫乱的平台。

每每看到这样的新闻我不禁问：这世界到底怎么了？这些女孩到底是怎么了？我们老一辈总是说女孩子要富养，要让她们像公主一样，可是公主也不应该是这样的呀，为了那些外在的皮毛，竟不惜将作为女生最该骄傲、最该珍惜的东西全权放弃。

其实，姑娘们应该明白，只要你很认真地从内而外地打理你自己，所有的大牌不过是你将来人生一个自然而然的存在，不需要你那样费劲地去乞求。而所有你通过乞求得到的东西，到最后，不过是让你感到绝望而后悔的存在而已。

前不久，我接待了在社群中认识的一个姑娘伶俐，我们聊过几次。在群中我并不是热衷聊天的人，因此两人也不算是熟悉的群友，可是因为我曾在去她的城市的时候跟她有过联系，暂居她家五天，也就是在这段时间里，我们结下了一段可以算得上不错的友谊。

我曾经有一段时间并不喜欢这个只追求大牌加身的姑娘，甚至不愿意评价这个姑娘，可是这一次的接待，却让我对她有了另外一种印象。

她是一个不能用单一的标准来衡量的姑娘，因为对于物质的追求，她算得上是我认识的姑娘中最热衷于品牌的姑娘，尽管她的工资收入总不能让她每月买上香奈儿、迪奥、范思哲的衣服和化妆品，可是她的衣柜和化妆包中陈列的基本上都是大牌的衣服和化妆品。然而，她却一直都清楚地知道，自己这些追求并不是多美好的追求，她只是想要通过这样的方式让那个曾经自卑到极致的姑娘能够获得一点自信。

我曾感到好奇，并询问她："你买的这些大部分是仿品吧？你不是每个月都只有 5000 块钱不到的工资吗？"

我记得当时的她笑着，说："虽然工资买不上这些东西，但是我却是不用仿品的，我这一柜子里的衣服和化妆包中的化妆品都是专卖店里亲自去挑的，说我虚荣也罢，说我不思进取也好，我就喜欢在自己的皮毛上下功夫，工资自然是入不敷出的，但是好歹我还有一个好爸爸，这都是他该做的，我只管享受。"

因为她曾经跟我说过她的父亲抛弃了她的母亲，在她很小的时候就离开了她家，母亲生病去世，是她一手料理的后事，她的童年和少年生活充满了阴暗面，缺乏父爱和母爱，她自己是极度自卑的。她不喜欢读书，不喜欢去思考那些复杂的事情，她有的只是从母亲那里继承而来的姣好面容。

她追求自己能够化上精致的妆容和穿上最美丽的衣服，加之她的父亲忽然回来了，为了弥补她，在经济上从来不亏待她。于是，她一直我行我素。我认识她的时候，她从来都不曾穿过不是品牌的衣服，可是她在生活中却一直都挺白痴，许多基本的常识她都不明白，不愿意去改变自己的现状，也不想要改变自己的行事风格，我曾一度认为她会毁在自己的手中，将自己一手好牌打得稀烂。

然而，这一次见面，她颠倒了我的认知。她开始懂得弯腰低头，开始学着去领会他人的意图，也开始学着更好地面对陌生的环境，懂得替他人着想。

买东西的时候也不再盯着品牌，而是开始选择舒适的了，她竟然忽然之间意识到自己也该追求一点内在的美好与知识点。

“怎么回事？你还是我认识的那个伶俐吗？”

“怎么就不是你认识的那个人了？我不过是明白了哪怕我大牌加身也并不怎样之后，开始觉得你说的是对的了。”

“我说过什么？”

“大牌加身，若是有一个可以支撑躯体的灵魂，再大也不为过；若是只是一个躯壳，大牌加身也不怎样。”

“这句话，怎么会生效？以前应该不少人都和你说过啊！”

“生活总有变动，没有办法，父亲也不是提款机。我的工作本来是被给予的，后来年纪增长，连花瓶都当不成，我能有什么办法？没有知识武装头脑，不能够拥有自己的力量，我的精致的一切都是浮云，就连找一个合适的丈夫都显得那样难，我不得不想起你说过的话。而我有时候也在想，如果可以更早一点认识到这一点，或许我现在也不至于是这个样子，我该变得更有意思才是！”

看着她的变化，我忽然意识到，随着年龄的增长，我们总会明白容貌易逝、华服难穿，没有一个支撑起自己抵御流言蜚语的头脑，无论穿着怎样的衣服都并不能够捍卫我们的“安全”，大牌加身应该是自己内心的富足，而非外在的富裕。

我们或许一直在追求着自己能够早早地拥有大牌加身的一天，可是，若是你还不能充分地武装自己，那还是让这大牌加身慢一点来吧，虽然不那么美艳，但是至少我们能够一点点地拥有美好的生活。

| 06 |

若是习惯放荡不羁，如何得体地孤独

轻风是我最近在整理相册时想到的一个姑娘，她是学艺术设计的，像所有中二的女孩子一样，她不可避免地染上了一些坏习惯，抽烟、喝酒、打架、早恋是她年轻的时候乐意去做的事情。

我们俩相识在凤凰的一家酒吧，她在吧台那儿唱歌，似乎艺术都是相通的，她的歌声很通透、很好听。将一首《故乡的云》唱完之后，她潇洒地走下了舞台，然后，径自坐在我给两个朋友准备的凳子上。

她看着我，痞痞地笑："姐姐，你在这里等人啊？我也等人，可是别人不来了，他最喜欢这首歌，可是再也不会来了。凤凰是我们第一次旅行的地方，他明明说过以后要带我再来故地重游的，可是最后，只有我一个人来了……"

我不知道她到底是基于怎样的心态跟我说起这些话，或许我长得没有侵犯性，又或许是因为我是酒吧里为数不多的在她唱歌的时候，认真地观察她，不带任何偏见，纯粹只是在听她唱歌的那个人。

她絮絮叨叨地跟我说了好多，她说着说着就喝酒，喝着喝着就流泪。

她说，今年二十二岁了，很小的时候就开始自己一个人生活。一个人生活好多事情都不懂，不懂就学，学别的坏女孩会做的事情，逃学去网吧，跟别人一起玩游戏。原本觉得这样的日子或许会比较担惊受怕，可是在尝试过几次发现并没有多少人会在意她到底做了什么、怎么做的之后，她开始变本加厉。小小年纪的她就开始学会抽烟，吐圈儿；开始学喝酒，如何和酒吧中的那些大哥哥大姐姐们划拳，第一次喝得烂醉，还能摸索到回家的路，可是回家也没有人在；认识好多痞痞的男生，开始跟着他们一起打架，在其中找到一个看似臭味相投的人，一起开启一段好像美好又好像并不怎样的恋爱，18 岁开始贡献了自己的第一次，并不幸地怀孕打胎，可是这样过后，她和那个曾经承诺过要照顾她一辈子的人又分崩离析了。

她说："其实我好想不这样过，可若是我不那样不羁，我怎么挨过这孤独的生活？就像我现在也不想在这个酒吧里驻唱，可是不在一个喧嚣的环境中，独自一人在一个房间中，觉得自己或许又会陷入另外一种孤独与寂寞中。"

"别人批评我，说我年纪轻轻就放荡不羁，对谁也不服，对谁也不好，是没有能力去承担生活的重压，是没有办法去拥有美好的生活的。可是我不服气啊，我年轻就不能放荡不羁了？难道要年老才能放荡不羁？"

我知道她或许只是想要倾诉，但是看到她哭花了的美丽脸蛋，我到底有些心疼，我问她："年轻时的放荡不羁，到底给你带来了什么呢？你又是否因此过得更好了呢？你为什么会变成现在这个样子？为什么不能得体地享受你的孤独呢？"

她揉着那不断流出来的眼泪，说道："没有获得什么，我只是不想孤独，我只是不想一个人。若在热闹的环境中，我可以感受到另外一种圆满；若是让我一个人呆着，我没有办法和自己独处。别的那些放荡不羁的女孩都能够拥有美满的生活，凭什么我不能拥有？而且为什么要得体地享受自己的孤独？我已经习惯了这份在人群中的放荡不羁，要怎样让我习惯孤独？"

我看着她，就像是看着从来都不愿意长大的孩子，虽然我并不比她大多少。她是一个漂亮的姑娘，可她从来都未能意识到所谓的放荡不羁不过是许多人给予自己并不那样努力的一个借口，不过是许多人寻找的一个隐藏最真实的自己的一个洞穴。可是再好的洞穴它都有一个承受能力，再好的洞穴都比不过行走在充满阳光的大街上享受自己的人生。

很多时候，对于放荡不羁，许多姑娘都是羡慕的，羡慕他人有那样放荡不羁的灵魂和放荡不羁的行为，总觉得是那样的酷，没有一个放荡不羁的青春岁月好像就是没有真正年轻过一样。可是，年轻的时候若是一直那样放荡不羁，你如何在日后的岁月中得体地享受孤独？

如果我们连与自己独处都不能做到，又怎样去度过漫漫的人生长路呢？虽然有许多报道都说，人是社会性的动物，需要群居的生活，可是我们终究是我们自己一个人。我从来都不认为这个世界上理所应当存在一个那样的人，必须在你人生的每一个阶段给你解决所有的事情；没有那样一个人，也不应该存在那样一个人。虽然很多时候，我们都希望能够在一群人中享受狂欢，可是曲终人散的时候，我们总要面对自己，怎样说服自己要在孤独的时候是得体的，就像你怎样说服自己年轻的时候放荡不羁一样。

这个世界上并没有什么东西是不能培养的，就像习惯。习惯的培养不过是三天一个小习惯，七天一个大习惯，若是坚持了二十一天，那将是一个长效习惯的开始。习惯了放荡不羁，坚持了一年又一年，可是并没有收获我们内心想要的一切的时候，我们是否就该从此反思，是否能够变化一下自己？

年轻的姑娘习惯放荡不羁，不过是追求心中的某一些期待与内心的激荡，然而那些放荡不羁外表下隐藏的深深的隐患，却是姑娘们都该沉下心来好好思考一下的东西，我们不应该为了曾经追求的那些表面上的酷炫，而忘了人生最终的目标。

生活最终是趋于孤独的，无论是谁都无法一辈子陪伴着你，虽然有时候无法接受有朝一日自己需要面对孤独的洗礼，可是，我们至少要在生活的洗礼中一点点地去学会如何得体地孤独，让自己能够在每一天的岁月中开始变得更加沉静，更懂得怎样面对、怎样与自己相处。

我们可以有那么一段放荡不羁的青春年华，可是我们不可以让自己习惯在那段毫无营养价值的放荡不羁的岁月中，要在生活的过程中一点点地明白孤独对于自己的意义，并真正地开始享受孤独，并骄傲地活着。

| 07 |

社会不会因为你是女孩而善待你

学妹星儿也像我一样，响应号召，来到了新疆南疆基层工作；像我一样，带着满脑的憧憬与期待来到了这片土地上，想要当一回热情满满的援疆干部。然而作为内地城市里的娇娇女，来到这样一个陌生的地方，条件并不好，人们看上去也并不亲切，怎样融入、怎样去开始一段奋斗的路程，还真的不是那样简单的一句话、一件事就能够得到满足的。

星儿第一天到被分配的单位时就哭了，她期待的宿舍是一个宽敞的单人间，里面需要有一张好看的床，要有衣柜、书架、基本的日用品，就好像在家、在培训的时候一样，设备齐全。可是单位的领导把她领到了一个宿舍，那是一个三人间，卧室里面已经住了两个前辈，留给她的只是一个客厅中的床，没有想象中的能够独居的环境，没有衣柜、书架，更别谈什么日用品。

她哭着说：“我不要住这样的房间，要不然我就回去吧……”单位领导看到这个娇滴滴的女孩这样哭，又因为上级要求必须要好好地安顿这一批内地招录的大学生，询问了后勤后，将她带到了另外的一间没有人住的房子。这一仗，星儿利用她女孩子的身份打赢了。

在她跟我说起这些话的时候，我对她说：“现在满足了，之后就不要提太多的要求了，毕竟来这里是工作的不是享受的，别人也没有必要因为你是女孩子而偏向你呢！”

星儿撒娇：“哪有那样的事情，女孩子本来就该被偏心，本来就应该被善待，反正如果以后有什么我不满的时候，我还这样！会哭的孩子有糖吃，不是吗！”

会哭的孩子有糖吃，确实是有这个理，可是社会并不是我们的家，社会中的人也不是我们的父母、家人，不会因为我们哭闹而一再迁就我们，第一次是他们心软，可是一而再再而三那就是他们提刀宰人的时候了。

再次听到星儿的消息是她弄砸了一个会议筹备工作的时候，她打电话来的时候在哭，并跟我说了好多关于那个安排她工作的领导不能协调调配的牢骚，她说：“领导怎么能这样安排，怎么能安排我又写会议议程，又要去做后勤的人做的搬桌椅板凳、做会场协调呢？这不是把女生当作男生用吗？怎么可以这样子来安排啊，这根本就不合理！既然不合理，他凭什么在我没有做好的时候来呵斥我，他根本就是有毛病！”

“可是，领导安排给你的事情，你没有拒绝就说明你本身是答应了他的这些要求的啊。如果是你答应的要求，没有做好，他肯定要呵斥你，你没有做好，不应该挨批评吗？”我理智地给她指出她的问题。

“不对，学姐，不应该是指责我，是他没有安排好，他把那些不应该安排给女生的事情都安排给女生，这本身就是一个错误，他错了他就该承担错了的后果，我不过是一个女生，他作为一个男领导，怎么能那样小心眼，还和一个女生计较！”星儿继续狡辩。

我抓住了她话中的关键点：我是女生，你该让着我，哪怕我做错了，不过是因为你把一个不该给女生的工作安排给了女生，既然是你错了，我为什么要承担你的错误？我是女生，就算是有些错误，也不该是我来承担，你是男生，不该对女生这样小心眼。

我对星儿说：“你不能仅占着自己是女生就认为别人不能怎样对你，在工作岗位上，谁都是一样的，不能因为自己是女生就期待得到更多、呵斥更少。虽然怜香惜玉是应该存在，可是我们不应该占着有人怜香惜玉就逃避自己的责任，也不应该仗着自己是女生就理所应当地认为自己不该受到一点儿的指责！”

不知道有多少姑娘有这样一种想法：我是女生，占据着性别的优势，男生就该礼让，在任何情况下男生该对女生体贴，不应该呵斥女生。我不禁想要敲一敲她们的头，谁给你们这样的自信的？谁说了女性的性别优势可以适用在每一个场合中？谁又说过女性就该拥有被偏袒的待遇？

现在这个社会，并不缺女强人，也不缺女权主义者，女性在新的社会发展变迁中，已经变得不再是那个需要被圈在笼子中、呵护在手心里的陶瓷。有那样一句话——当代社会的女生是上得厅堂、下得厨房，修得电脑、斗得了小三的。只有你想不到，没有女生做不到的事。

女性在社会发展变化中开始与男性竞争，无论是工作岗位还是生活节奏，在这场竞争中，谁也不能要求社会对某一方有偏袒，物竞天择，适者生存，社会没有必要因为你是女生而善待你。如果你有能力创造一片你的天地，你能够让这个社会中的许多人和事为你让路；若是你不能给自己搭起一片舞台，那么你也就得想方设法地让这个社会认可你，并愿意见识你的能耐。

所以，不能拿性别来说事，谁也不能拿性别说我就该怎样做，我是女生，哪怕我做错了，你也该善待我。没有这样的道理，也没有这样的规律。

当星儿再次跟我抱怨：“领导好变态，竟让我们这样的女生熬夜加班到一两点钟来做这些事情，这不是太没有道理了吗？”

我不再跟她说其他的东西，而是说：“没有理由让跟你拿同样工资的男同志当毛驴，而你就应该是公主，既然都是一样的，就没有有没有道理这样的说法了！”

长大后，我们每个女生都该明白：社会是一个现实的历练场，没有谁该站在你女生的角度上想问题，也没有谁应该基于你是女生而善待你，我们都该清楚地知晓没有什么待遇是女生必须要享受的，就像做错事就该承受后果一样，没有例外，也没有侥幸！

每个女孩都在长大后深刻地体会到，社会不会因为你是女生而善待你，你该磨练自己的心智，让你接受这一现实，并努力成为更好的自己！

| 08 |

天涯路远，不要悲伤

我们一直都在行走，向前行走，无论前方的路上会遇到怎样的挫折与生活挑战。天涯路远，遇见了多少人，就有多少次挥手说再见。每一场遇见若是没有再继续的结果，就必定会挥手告别，多少人在这场告别中感到悲伤，会哭泣，会不舍。可是天涯路远，越走越远的时候，是人生的必然，没有必要因此过分悲伤。

朋友丽洁总希望大家都在一起，哪怕走得再远，大家在一起才是最圆满的状态。她曾经对我说："我不相信任何形式的别后重逢，因为别后重逢的我们必定也不再是原来那个纯粹的我们；我不喜欢任何形式的死别，哪怕灵魂有寄托，也是一件永远都无法让人释怀的事。所以如果可以，我希望自己比爱的人先离开，我不愿意见到任何人离开的背影。"

记得一次，我与丽洁讨论关于前行的话题，她摆手对我说："我已经不愿意再去折腾自己去某一个新的地方了，世界这么大，我见了很多人，同样也失去了很多的人，若是让我不停地去告别，我害怕自己的眼睛受不了。你是明白我的，我不愿意让自己陷入悲伤的境地，可是每次刚刚交心的一些人又要离开，会让我对这世界充满不满。”

然而，成长的路总会让你面对离别，在面对离别的时候，能够不悲伤的原因在于你真的把所有的一切都做好了，没有遗憾，就不会感到悲伤，就能够勇敢地前行。

丽洁的奶奶去世的那天，我们都去送别了，当时的场景在我的脑海中留下了挺深刻的印象。丽洁的奶奶生了许多的孩子，她有三个姑姑和两个叔叔。在奶奶的灵柩前，两个姑姑号啕大哭，抱着灵柩哭得撕心裂肺，嘴上喊着：“妈妈，你怎么忽然就走了呢……”可是另一个姑姑则站在一边，只是泪水顺着眼角留下来，你好像看不到她有多悲伤，可是却能够感受到她的难受。这位姑姑把两个抱着灵柩哭泣的妹妹拉到一边，上香、跪拜，按照老家的习俗做着女儿该做的动作。

后来，丽洁告诉我：“哭得最平静的姑姑一直在照顾奶奶，在奶奶病危的时候，姑姑曾经也哭得撕心裂肺，她抱着我对我说：‘丽丽，姑姑就要没有妈妈了，姑姑就要没有妈妈了……’她或许以前的时候做够了，没有给自己的生命留下遗憾，所以在面对离别的时候，她显得最平静，最轻易地接受了死亡。我忽然之间明白了，大家最后都要离开这个世界，最后都是要一个人走，天涯路远，悲伤那么大，我们怎么继续生活？我忽然明白曾经稚嫩的、曾经不满遇见与离别的自己有多么幼稚。”

诚然，丽洁是一个非常害怕离别的人，每次她送别了一个朋友，或是失恋时都会哭，可是，时光会教会她成长。于是，她也开始继续前行了，继续怀揣着自己对于生活的期待走四方、见朋友。她开始用相机、用手中的笔和纸……用所有能够留下印记的方式去体验、记录她的旅途风景，记录每一个在她生命中留下印记的人。

她说：“其实我并没有那么害怕离别，只是一时间接受不了大家的离别，因为人生中的每一次见面都是一次离别，每一次离别之后我就会感到悲伤，悲伤会持续很久，因为我总觉得永远都无法再见到她们了。若遇见是为了离别，那为什么要让我们曾经相遇？可是，我们相遇一场，总感觉是时光给予的馈赠，这样一想，会让我更加珍惜眼前的时光和身边的人，然后能够更好地去做一些事情。”

“我曾经想过这样的一种方式，因为害怕失去，所以可以不用曾经拥有，可是仔细一想，这大概是最懦弱的方式，因为我们不该因噎废食，我们不该为了那种必然的存在去改变我们的行走轨迹。珍惜时光，携手前行，若有一天无法携手，那么珍藏好这段记忆，这于我们而言，又何尝不是一种美好的人生体验！”

人这一生，真的会走很多的路，各种交错的路口汇聚着各种各样、形形色色的人，或许在这个过程中，与你相处在一起的人也很多，或许能够与你交心的人也会有那么三两个，然后她们给予你快乐，让你成长，陪伴你度过艰难岁月，给你带来温暖、提供港湾。可是人生的路上，见过的人千千万万，每一天都在上演着离别这出戏。如果没有一个强大的内心去面对离别，又怎么会有一个坚韧的内心开启一段征程？

人这一生，真的会走很长的路，在这长长的行走途中，你会遇到各具特色、别有韵味的人和景，会流连忘返，会步步生花，会走着走着忘了归途在何方，走着走着携手前行的人忽然不见了。在这个时候，不要悲伤，不要难过，天涯路远，各奔东西，大家的目的地不同，大家的期待不一样，怎么能要求所有人都和你走在同一条道上？怎么能够期待大家都向同一个方向行驶呢？

我们要习惯在前行的路上有人加入，有人掉队；我们要习惯在行走的途中，有人自行开启了新的方向，有人走着走着停了下来。我们是来到这个世界上体验个中滋味的人，我们总会在不知不觉中感觉到行走并非那样轻易，并非携三两朋友就可以真的走一生。天涯路远，能够陪你走过这漫长一生的，不过是你自己而已。

我们会害怕离别，会害怕走着走着就散了，会害怕生活跟我们开玩笑，可是，不管生活跟我们开怎样的玩笑，我们最终也要让我们的人生更快乐。天涯路远，不必纠缠在悲伤的过往中，心中难受，也该想方设法调解，让自己能够在这远走天涯的路上生出走四方的霸气与胸怀！

| 09 |

找到你的那盆土，让它开出花儿来

你有没有这样的一段时光：无论做什么事情，想起来了，就在脑海中勾勒出了它的模样与程序，一做就能够将它做得非常好，就好像它早已经在你的心中堆积了足够多的土壤，就等待你播下种子，浇水施肥，让它好好地顺其自然地开出花儿来？我想，我们所有人大概都是有那样的一盆土的，只是好多人都还没有认真地去找到它，让它能够为你开出美丽的花儿来。不信，你去好好试一试，去找找你的那盆土到底是什么，你又该为它填充怎样的色彩，它会给你结出怎样的果实。

我的发小昭玲是一个很轴的女生，为什么说她轴呢？因为从小她就是那种认定了某一件事情就一直盯着这件事情，并为此不断地去努力。在很多人看来没有那样容易、甚至不可能达成的一些事情，她依旧能够以自己为圆心，画出该有的圆。

我们都知道，高考对于一个农村孩子的意义，意义越大失误有时候也会越大，昭玲就是这样的。高考的失利让她只够上一个三本的院校，其实原本有很多个选择，可是她选择了临床中医。我们曾经分析，作为一名让众人信任的中医需要具备的素质：年龄越大越吃香，资历越老越出名，学历越高越有用，性别为男更迷人。

好多人都说：作为一个女生，选择临床中医，无非就是把自己架到一个火炉子里去烤，烤的里焦外嫩还不自知。可是，她却坚持着自己的想法，她说："我或许不能赚好多钱，又或许并没有多聪明，可是既然是医药学，既然是可以通过死记硬背、熟能生巧来做成的事情，我又未尝做不好呢？我喜欢做这件事情，我就可以描绘出做这件事情的前前后后、左左右右，我就能够在未来的某一天把它做得游刃有余！"

在上学期间，她摆正了自己学习临床中医的姿态，基本上没有翘过任何一节专业课程，每一堂课程都成为她发现问题、查找问题、总结经验的舞台。她认真地研究每一个课程的内容，认真吸收老师讲课的内容，对不解的问题追着问、追着学，跟着医师一起去医院见习，仔细听取医师的医嘱，认真将医师对于自己的要求与自己达到的水准进行对比，学以致用，日复一日地将每天学到的东西记录在自己随身带着的小册子中。

五年制的医学专业，她认真地罗列自己的计划，哪个阶段要做哪件事情，哪个阶段需要认真夯实哪个方面的知识点，她逐一进行梳理。毕业后的第一年，她进入了市里的骨科医院工作。同年，她给自己做好规划，要努力考医师资格证。第二年，她以高分拿到该证，同时开始进入一家三甲中心医院进行规培。

在她去规培的前一天，我们在一起吃饭，我说："现在应该会好很多，在这样的一家医院进行规培，对以后再考入其他好医院会很有帮助的吧，你能找到自己想做的事情，还做到了梦想花开，真的太棒了！”

她笑：“我的学医之路充满着艰辛，起初是跌跌撞撞的，不知道该往哪个方向去努力，也曾多次怀疑是否应该要转换一个方向，比如不再学临床，而是开始专攻护理。可是跟着老师们去医院见习，我发现自己更喜欢医师的运筹帷幄，医师们的形象在我的心中扎了根，我甚至都能想象出自己成为医师后的样子。于是，我才能义无反顾，每走一步都看着前方的路，每走一步都为自己而骄傲！”

“其实，你也是知道的，我也就是找到了自己喜欢做的事情。我发现，当我站在这一块土地上的时候，我就希望我脚下的地能够开出花来。你知道的，我其实一点儿也不聪明，我们读书的时候就是这样的，我从来都不聪明，你们一会儿就知道的、清楚的东西，我得花上好久才知道所以然，我属于乌龟，慢慢爬的那种。”

“可是，你知道吗？就算是乌龟慢，我也发现了自己擅长的地方，在这个地方，我能够有无限大的可能性，只要我在开春的时候，播下种子，之后认真地松土、施肥，呵护我在这块地上播下的种子，它总会开出花来的。若是可以找到自己的那盆土，并根据土质因地制宜地做一些事情，就能够有好结果！”

我们很多人在前行的途中总忘了该往哪一个方向行走，或者走着走着就累了，而导致我们自己感到很累的根本原因是未能发掘自己、不能挖掘自己。很多时候你不愿意去做一些改变，不愿意认真地去思考行动的必要性和可行性的时候，你会发现自己走着走着就走到了一个自己并不愿意走的地方，若是内心不愿意为此进行规划，那么就不会有能够走得更远、更好的可能性！

我们曾经对自己说：要有清晰的目标和对于在做的事情的明朗的指示，而寻找自己的那盆土也就像是你开始心有沟壑，对自己的行动有了一个清晰的思路，知道哪个时间段该做什么事情，明白你要做的事情和在做的事情都是为了让你的土地能够开出花而努力。

在开启一个新的征途的时候，摸摸自己的心，问问自己：真的是这样的吗？自己真的喜欢、真的擅长又是否真的愿意为了它不停地努力吗？如果是真的，那么它就是你心中的那盆土，因为有了这样的土壤，你才能耕耘出你想要的花来。

但是，人并不一定天生就有那样的一盆土，你必须去寻找、去开发，让自己发现自己有那样的一盆土，如此才能让你真正懂得选择的作用，也同样真正明白如何才能让你的青春变得更加精彩，让你的土壤不再贫瘠，而是充满色彩！

用心去寻找，找到后，用心去行动，明白了光的源头，就让这光照亮你的路；知道了土的质地，就让这土能够开出美丽的花来！

| 10 |

爱的时候请真心，忘的时候请真诚

小雅与林子相识在一场朋友聚会中，两人在一种大家怂恿且互有好感的情况下开始了一场你追我逐的爱情之旅。小雅没有谈过恋爱，喜欢林子的帅气和体贴，在林子的追逐下渐渐接受了林子对她的好，也开始了一场认真的恋爱。没有谈过恋爱的小雅不懂在恋爱的过程中需要怎样去注意，只是捧着一颗真心对待两人相处的时光；而在花丛中游荡过的林子刚开始也喜欢这个像白纸一般的小雅，一心一意地对她好。时间真的是最磨砺人的存在，好的坏的都会在时间的流逝中无限放大。

小雅发现林子对其他女生暧昧不清的举动的时候，是两人相恋两年后。知道这些事情的时候，小雅感觉很崩溃，一段自己期待的爱情就这样被破坏了。有多少的爱或许就会有多少的恨，小雅说服不了自己去接受这样的一个林子，可是分手二字自己却是无论如何也说不出口，她在等待，等待林子能够说说，哪怕是骗她，也告诉她其实他和其他人都没有什么。

林子也不负小雅期待地回复了小雅：“你是我心中的妻子，是要和我共度一生的人，我不会和别的人有什么的。”

粉饰太平很容易，可是恢复常态却并没有那么容易，小雅开始变得疑神疑鬼，开始不再相信林子，林子也不再全身心地投入在小雅这里。因为曾经爱过，认真地去爱过，付出真心在那场爱恋中，所以很清楚地明白在失去这场爱恋之后，自己面对的是怎样的一个局面，也很清楚在看到失去的爱恋以后，在掺杂了各种不知名的虚情假意之后，一切变得那样的别扭，就像是被你摔碎了的玉镯，好心痛，但是却再也无法恢复到原样的无奈。

两人很别扭地过着日子，可是在彼此的心中却有着无法抹灭的烙印，爱的时候不能付诸真心，说要离开却也不能忘得真诚。两人都不认真地说分手，每一次说要离开都别别扭扭，每一次看到对方与别人谈笑甚欢的时候，总是会心中吃味。

有时候，在很远的地方，小雅看到林子的车开出了院子，就会给他打电话，问：“你在哪儿呀？我们一起去吃饭吧？”“你去哪儿了呢？我有些肚子疼了，能陪我去医院吗？”“你是不是不愿意理我了，你是不是把我拉黑了，为什么不跟我说话，不接我电话……”虽然这样做，让小雅变得更加不快乐，可是她却似乎陷入了这样的一个诡异的状态，心理扭曲得好像只要破坏了林子的重新开始，她就能获得幸福、快乐。

朋友劝小雅：“已经不再纯粹地用心去爱了，就不要再去想那些有的没的了，与其去恨一个内心没有你的人，不如真诚地忘了曾经有过的那段过往，放过彼此。”

小雅执拗地说：“哪有说忘就能忘了的爱人，我还爱着，虽然恨，但还是爱着，没有爱，哪来的恨？为什么真心地去爱的人，后来会变成这样？又为什么所有人都要劝我忘得真诚？”

对于每一对相恋的人来说，因爱生恨的故事很多，爱的时候不真心，忘的时候不真诚的也很多，可是这样的结局并不能让彼此过得更好，有时候折磨的是两个人，有的时候只是在折磨你自己。

在这个世界上，这上亿的人群中，一对相恋的人在一起并不容易，如果遇见了爱，如果愿意享受爱情的美好，就该要努力地在这个过程中拥有一颗真心，真心地对待你所爱的人；若是两人不能在一起，就该忘得真诚，不再牵扯在彼此的世界中，成为熟悉的陌生人又怎样，彼此之间的那不能外道的事情就让它成为彼此之间的秘密，不必公示，也不必觉得残忍。

前不久，薛之谦在演唱会中说起了与前妻的十年之约，说或许她就在台下听着。然后，有一些“好心”的网友们绘声绘色地说着：“我们看到了薛之谦的前妻，她就在台下听着，期间还流了眼泪。”

有的人感叹了薛之谦的真情流露——离婚之后还能遵守与前妻的承诺，在这样一个演唱会上上演这场真情，甚至还出现了求复合的声音。然而对此，我是不齿的。因为对于曾经“共枕眠”的夫妻来说，相爱一场，付出了真心，最终因为种种原因而分开，彼此过着离异后的生活，大家的圈子说大不大，说小也不小，分开之后，虽然还能是朋友，可是不该忘掉曾经的种种的牵绊，不该随意地去撩动彼此已经尘埃落定的心。

这世间最残忍的、最让人觉得悲哀的事情，是明明两人彼此相爱却没有付出真心，哪怕曾经有过真心，可是到了后面却不曾给予彼此真心，却还在分开后需要忘记彼此的时候，不停地招惹彼此，不能真诚地相忘于江湖，不能正视彼此已经回不去了，应该往前走了，还动不动、时不时地勾起对方的记忆，让自己沉沦，也让对方难堪。

人是需要有自知之明的，在相爱的时候，用心地、真心地去爱，无论男女都该明白有时候你需要为爱妥协，需要忘记那些或许比较焦心的错误，带着一颗纯粹的心去真心相爱；若是不能继续爱，彼此走向了相反的方向，那么就不要去想、不要再去招惹对方、不要说忘不了、不要说因为恨所以要报复。

姑娘，你是报复不了任何人的，你若执迷不悟地停留在那过往的故事中，你能报复的只有你自己，然而那个被你自己报复的自己是何其无辜啊？

姑娘，如果在一场爱恋中，你不能再真心爱下去，那就好好地忘了，洗涤干净记忆，将心里的位置腾空，去邂逅新的开始。

姑娘，请一定要记住：爱的时候请真心，忘的时候要真诚。一心一意，全心全意。

| 11 |

能力不足，责任来凑

前不久，单位里搞了这样一个活动：说出在工作过程中，你认为最重要的一个品质，并说出理由。单位的 100 多个人都将自己认为的好品质进行了上报，在做登记汇总之后，我惊讶地发现，竟然有 82 个干部写了责任或责任心强这样的字眼。大家的理由都五花八门，但是归根到底就是我的一个女领导的一句话：“能力不足，责任来凑。”

我本着好奇的心情问了她：“为什么会写这样的八个字，怎么会认为责任是最重要的呢？”她跟我分享了在她刚刚参加工作时的一些事情。她告诉我：“能力是可以培养的，可是责任心却是一个真正衡量你是否能够长久地做好某一件事情的关键。”

领导刚刚参加工作是 1992 年，那个时候，南疆的开放程度比现在低很多，双语水平更别提，开大会小会时都全程是维语。作为一个二十出头的年轻人，她完全听不懂台上的领导叽叽喳喳到底讲了什么，只是在最后领导问听懂了没有的时候，附和大家一起说上一句听懂了。

虽然没有听懂，可是工作还是要开展，于是她挨个地去问汉语水平稍微好点的同事，一点点把东西记在本子上。到下面去开展工作时，她说不出维语，不懂该如何与村里的群众说。同样遭遇的好多同事在进入单位三两年后，就不再寄希望于认真干好工作，因为原本能力上就不足以让她们干好这件事情，而责任心又不强，总寄希望于将工作推出去。可是，她不愿意这样做，若是能力不足，经过一点点的努力，是可以将能力培养出来的，比如语言的学习，不过是日积月累地交流，在单位工作了三个月后，她已经可以一点点地听懂一些词组，能够简单地与群众进行沟通。可是，若是将自己的责任推卸给其他人，那么或许自己在将来的某一天也会变成自己讨厌的那种人。

为了不让自己变成让自己都讨厌的人，她开始了自己的奋斗之旅。哪怕能力不足以将所有的事情都尽善尽美地做好，可是，这份对待工作的责任心却让她在同辈人中脱颖而出，连带她的能力也得到了飞快的提升。

在这个追求高效、快捷的时代，能力的培养是很多人追求的方向，然而，在开启新工作中，我们需要有一个过程来提高我们的处事能力。而在能力并不足以让我们尽善尽美地把事情干好的时候，如何让我们能够做到尽可能好地做成某事，就得靠我们的责任了。

然而，很多时候，好多人都不明白这个道理，承担责任的能力、拥有的责任心都并不强，觉得好像那是附加的东西，不能给人生带来怎样的改变，就好像，逃避了责任就能够逃避所有不能完成的任务。工作原本就并不是件简单的事情，你对待工作加注了多少责任心，就能够拥有多少工作对你的反馈。

小莎是单位新来的90后女生，性格活泼跳脱，领导考虑到她是艺术生，便将她安排到了宣传口。宣传口的工作并没有多难做，只是好些事情都比较琐碎，又加上直接面对的就是群众，因此在落实工作的时候，还是会遇到一些沟通不善的问题。

小莎进入到宣传口的第五个月，宣传口的工作被通报了，领导知道后，对她进行了指责。领导说："如果这是我的工作，那么你就该对我进行汇报，在我不清楚的情况下，你们以我的名义做了一些事情，却又把事情办砸了，那么，你们是不是应该给我一个有效的补救办法以及一个合理解释呢？这样的低级错误，不该出现在你们这样的大学生身上吧？你到底在做工作的时候有没有用心？能力不强的话，就应该更认真，而不是出了纰漏，就想着跟我解释说，这本不是你自己的工作！"

或许是第一次听到领导的批评，小莎的眼泪直流，并且对办公室的其他同事进行了迁怒，认为：我就是一个新来的人，你们把工作交给我了，你们就不管了，不管也就算了，你们在出了问题的时候，一个也不站出来帮我，还一副事不关己高高挂起的态度，不就是欺负我年轻、欺负我没有经验对付领导？可是小莎忘了，这件事情在最开始研究的时候就是交给了她去处理，如此简单的工作，同事们根本就没有想过会做不好，可是出了通报是整个办公室的人都会受到批评和绩效上的扣分，大家不愿意去背这样的一个锅，同样也不愿再去揽这个责任，自然就不会去为她辩解什么。

小莎哭得一塌糊涂，可是领导并没有去安抚她，只是继续将后续的工作安排给了办公室的另一个同事，并对小莎做出了关于此项工作的新的安排，领导说："如果你不会做，或者做这件事情实在是有困难，那么你要告诉我，或者告诉其他前辈；如果你接下了这个工作任务，你就得一门心思地把它做好，不要推诿扯皮，不要在出了纰漏之后抱怨。能力不足没关系，重要的是你的责任心必须要有，若是没有责任心，这将是一件很可怕的事情！”

无论将来从事怎样的职业，不管以后会遇到怎样的工作任务，也不论你是否能够过上你期待的生活，姑娘们一定要记住，不能丧失了自己对工作、对生活的责任心，这份责任是让你能够拥有更好发展空间的一种动力，她会教你如何提高、如何改变、如何前进。

如果说，能力是人的技能外在的表现，那么责任就是人内心的一种选择，每个人的选择都应该最终承担起它应有的责任。能力不足只是一时的，只要你认真地去思考、去反省、去总结、去复盘，你的能力总能得到提升。可是责任心却是不可或缺的，一个没有责任心的人，你还能和他谈什么责任、谈什么成就，又去谈什么未来，谈什么一定会做好、一定能够做到极致？

能力不足，责任来凑，切记！切记！

| 12 |

所有的剽悍都是做出来的

我的学妹晓爽给我发了长长的信息，让我给她分析一下她当前的处境，是否需要改变，又是否该从哪个方面进行改变。我细细地读了她的信息，现在将信中的内容部分罗列出来：

“学姐，我已经在这个公司待了一年多了，但是直到目前还是做着一些打杂的活儿，我觉得再这样做下去自己会变成残废，别的残废也至少还有一个拐杖，可是我确实是完全没有一个依仗。你知道的，我不喜欢自己变成女强人，所以在一些事情上面，我觉得自己没有必要参与别人施加给我的雄性竞争，而且就算是我要去做一些事情，我也得有时间和精力去做。可是我现在天天不是在参与后勤的事情就是在做前台的工作，根本没有时间真正地去做自己想要提高的事情。于是，我根本就接触不到核心的技术，也接触不到我进公司时的愿景，可最重要的事情是，我们公司人事部门的人根本就没有想要给我调岗！”

“学姐啊，我已经毕业快两年了，还是拿着2000多元的工资，还得靠我爸妈的资助才能把日子过好，我真的很讨厌现在的自己，可是我却又没有办法。我明明都按照那些牛人的文章里的话去读书、去认识别人、去提高自己的内涵，可是我怎么就还是不能成功地转型呢？怎么就没有人看到我的好呢？我什么时候才能改变我现在的样子，哪怕只是加点儿工资也行啊！”

“我看其他同学们都好剽悍的，根本就不像是跟我一起出大学校门的，他们都可以自己买房买车了，唯有我现在还在摸爬滚打……”

我问她：“你说你不喜欢变成女强人，是怎么回事？你说你去读书，认识别人又是怎么回事的？”

“比如，公司前段时间说是要跑项目，让项目经理带人一起去出差，可是我想着去出差的地方又不是什么好地方，是去一个小地方，而且也没有出差的补贴，我就不愿意去。项目经理说要带着我们去吃苦，还要我们把一整套的方案都拿出来，我感觉她是让我们都成为工作的狂魔，做工作的狂魔，有什么好的呢？”

“前面我说自己加入了一个读书社群，然后有人说多读书，从书中能找到人生的答案，我就去读书了。读了很多的书，也明白了一些道理，可我并没有觉得自己的生活得到了改善，反而是在购买书籍和购买学习用品上面花费多了起来，我觉得不靠谱。”

“这世界上怎么会有那么好的事情，不去做，就想像你的同学一样怎么行呢？项目经理让你跟着去出差，做一个方案，你都不愿意，老板又不是做慈善的，为什么要给你加薪？另外，看书不是说看了就完事了，而是你要通过看书来明白你要做的事情是什么，要清楚你该怎么去做事情，不是让你看完了，就显摆我又看了一本书，而是你真的通过看了这本书之后，有所行动。所有那

些剽悍成长的人，都是做出来的，不是喊出来的，也不是想出来的！”

生活中，你是否会碰到这样的人，他好像什么都懂，好像看过很多书，学过很多的知识，可是他是在嘴上功夫上比他人强，却从来没有将这些学到的东西用在自己的生活实践中，好像那些知识能够通过某一个法宝，忽然跳到自己的生活中，自己只需要躺着享受就好了。可是真的有那样的事情吗？没有的吧。收获这种东西，用更粗俗的话来说，就好像是一个瘦瘦的女生的乳沟，若是你行动起来，去挤一挤，它还是会出现的，可是，一旦你躺下了，它就根本不会显现出来。

晓爽羡慕她的同学，能够凭借自己学到的销售技巧加薪升职、买房买车，她却看不到她那同学在烈日下的奔波，在被客户拒绝了一次又一次之后的狼狈哭泣；看不到为了学习做好一个方案，她那在学校时比她更懒的同学怎样一天天地伏案构思，一天天地与领导进行推敲，又是怎样将公司中的各种产品制度、理念熟记于心，用的时候顺手拈来。

他人那样地努力、行动着，她看不到，看到的只是那同学取得的成绩，看到的仅仅只有那同学也就是读了几本书、参加了几次培训、认识了一些人，然后就取得了这样的成绩，跟自己好像都一样，怎么别人就能取得成绩，而自己就在一旁徘徊不前呢？

当今社会，好多人都并不是文盲，在这个信息时代、在这个分享知识的经济时代，太多的人都有各种各样的方式获得成长、见识别人的生活圈子。一个人认识另一个人、通过另一个人认识到另一种生活方式的情况太普遍了，就是一部手机、一个微信、一个无线信号就能达成的目标。我们都能获得知识，也懂得道理是什么，但是，我们行动总是那样迟缓。

天下或许真的会有掉馅饼的事情发生，就像人也会有中大彩票的可能性，然而，你总该去伸出你的手去接那个馅饼或者你总该花个两块钱去买上一张彩票，才能够说你期待接到馅饼、中大奖吧？你什么都没有做，怎么可能会有什么获得？

好多姑娘们明明羡慕别的姑娘们有钱、有颜，想有朝一日自己也变成那样，可是，她们却从来都不去行动、不去做，好像好运气都会自动地到自己身边，好像钱财和美貌都是不长眼睛的，对上一个人就能够施舍。姑娘们，不要做那样的梦好吗？

你若看重那些剽悍成长的人，你就该学着像他们一样行动起来，不说挥汗如雨，也该让身子出出细汗；你若期待成为那样剽悍的、犀利的人，你也就该像一个真正的勇士一样，学着像他们一样，不说一天跑个20公里，至少也该开始哪怕100米吧。

你不去行动、不去做，怎么可能剽悍起来？又怎么可能奔向白富美的幸福生活？

行动力才是改变生活的基本款，都不曾行动起来，只是一味地去吸收、去模仿，甚至连模仿都不尽心，那样异想天开的“努力”，怎么可能像别人一样剽悍到“开挂”？不曾行动起来，还想要剽悍，别开玩笑，好吗？

| 13 |

你想什么时候才来取悦自己

前天，和发小燕子聊天，我们说着说着就说到了所有女性都会说的话题：调养和护肤。燕子小时候被开水烫过，脸颊下面有一个疤痕，而我在使用的一款双蛋白的产品就有恢复肌肤光滑和弹性的效果，虽然效果是一天天积累才有的，但是至少能够让那块让她产生自卑情绪的疤痕得以祛除。

我建议："如果不去美容院做微整的话，那就喝这个产品吧，虽然慢一点，但是最后的效果还是比较好的，性价比相对来说较高。"

燕子听了挺心动的，然后看了产品说明，便更加心动。于是，她开始询问价格，我告诉她这款产品的价格："3 盒 924 元，够吃一个月，不过像你这种需要长期喝的人，我建议拿上 30 盒，只要 6600 元，这样既划算，又能够吃十个月，慢慢地看它的疗效。"

燕子沉默了一会儿，说道："有点儿小贵了，虽然我刚刚给公司签了两个大项目的单，可是我现在没有拿到我的提成，我想买 30 盒的，这样划算一点，可是，现在手头上真是没有钱！”

我觉得很诧异，燕子每个月的工资、奖金加提成至少有一万元，前不久，她还同我说要在今年年底给自己买一辆车，所以会更加努力地去赚钱、攒钱，怎么可能连6600元都拿不出来？

我问她：“你哥又管你要了多少钱？”不怪我会有这样发问，从燕子开始上班起，她家人就像吸血鬼一样问她要钱，若只是给父母买日用品、保健品也就算了，可她却需要承担起他们家好大一笔费用，从电视机、电冰箱这样的家用电器，到给她哥哥的孩子上学买的学习用品、生活费，这些都是她在支付。

原本前年，因为她父亲、继母的胁迫，她不再给家里拿那么多钱，甚至有两年过年回到了家门却被家中的那群“吸血鬼”冷嘲热讽地赶了出来后，她也算是看开了、想通了，对我说：“我以后会抓紧过好自己的日子，自己存钱买房、买车，自己给自己准备嫁妆！”

可是，没过多久，她的哥哥、父亲、嫂子都会在不同时间点，要用钱的时候，就想到了她，看她骑行在外或者她发的朋友圈中的有关又达成一单销售时，甚至对她说：“做人不要没有良心，要知恩图报。”变着法儿从她手头“借钱”，可虽说是“借钱”，却从来都没有还过，就算她提起，他们也是一副你竟然还让我还你钱的诧异表情。

“他陆陆续续已经向我要了8万元钱了，这次他一张口就要5万元，我说没有，他跟我讨价还价之后，我给了他我仅有的2万元钱。”燕子顿了顿，“借的时候，他说一定会在年底还我的，可是把钱打给他之后，他对我说——今年年底能不能还上还是一个问题！我怎么摊上了这样一个哥哥，他借钱去做什么事情、去干什么，都不告诉我，我好害怕他去做什么坏事！”

“最重要的是，我把自己的钱基本上都给了他，而他根本不想一想，我在深圳这样的一线城市里生活多么艰难。我那样讨好他，可是从来都没有一点儿效果。你知道的，我每年回家，都给家里的亲戚朋友、给爸爸和哥哥他们带好多好东西，他们接到礼物的时候是开心了，可是没过多久，就露出了他们邪恶的一面，好像我做的这些事情就是应该做的一样。我真的不喜欢这样的事情！”

“既然不喜欢，那就不要去取悦他们。你已经两年没有回到自己家去睡一觉了，去年不是被气到我家去睡觉了吗？去年不是就说了要开始取悦自己、为自己而活了吗？管他们做什么，你做得已经够多的了！”我义愤填膺地说道，“你到底什么时候才能开始真正地为自己而活，取悦你自己啊！”

“我能怎么办？他们是我的家人，是我的亲人，我想让他们开心，可是让他们开心的渠道好像除了钱就是礼物，我不知道自己怎么会陷入现在的境地，可是除此之外，我真的不知道自己还能为他们做些什么。”

“我想取悦我自己，总感觉要先照顾他们再说，可是，再怎么取悦他们都不能让我开心，我不知道自己到底怎么了！”她跟我说着说着就有些抓狂。不知道自己到底是怎么了？其实我们应该都是知道的，知道自己此时此刻做的事情究竟意味着什么，在自己的身上投资了多少、付出了多少，都会在生活的过程中一点点地显现出来。当一个人如果忘记了如何让自己快乐、忘记了什么时候该为自己做打算的时候，那他就完全地沦陷在要为他人服务的过程中。而若是他人能够感念我们的好，或许我们还能够从中感受到快乐，觉得是身心愉悦的；可若是他人根本就忘了我们做的事情，又或者他们根本就不懂珍惜我们的好，我们或许会感到抓狂与崩溃。

我对燕子说：“你想什么时候来取悦你自己？你说过的要提高自己的学历，要增长自己的见识，要为自己赚一个殷实的嫁妆，可是，你月薪一万多，却连自己准备护肤、准备改善自己的6600元都拿不出来，不觉得太可笑了吗？”

“若你想不出到底自己该怎么样去取悦自己，就想想自己到底是怎么去取悦别人的。忘了怎样取悦自己，你会忘了最重要的人永远是你自己，若是你忘了这一点，你或许永远都不会真正地拥有你的生活。虽然现在开始做取悦自己的人好像有些晚了，但是，我希望你还是能够真心地开始做让自己高兴的事情。”

取悦自己，并不是一件难事，只是我们好多人在生活的过程中，都忘记了谁才是最终的主角。你若连自己都不懂得如何去取悦，那取悦别人对于你的生活而言又能有怎样的作用呢？

不要总想着先去将就别人，先去让别人开心，你要懂得适时地为自己做更多的事情，让自己能够开开心心地、快快乐乐地生活。若是可能，让自己能够从每一件小事中获得快乐，让自己过得身心愉悦，这才能真的成就自己的人生！不要再去想我该从什么时候取悦自己，就从此刻开始吧。别说什么要把别人照顾好了再来考虑自己，圣母并不是这样养成的，这世界也不需要那么多的圣母！

| 14 |

你的学识不会辜负你的青春

五月上旬，我接到我大学校报主编老师的邀请，让我写一写关于主题为“跨界”的文稿，以鼓励那些还处于迷茫择业时期的学弟学妹们，让他们能够真的开始自己的新生活。我反复思考毕业这些年来的所思所想、所作所为。我想，该以一个怎样的学姐的身份，让我的那些学弟学妹们看到知识与未来之间的联系。

是的，不知不觉中我毕业已近三年，在南疆也已经工作了三年。三年时光仿佛白驹过隙，此刻的我已然褪去校园时的青涩模样，成长为一个体面的大人。回想校园时光，那些被同学们闹腾的岁月里竟也藏着柔光，那些被期末考折腾的时光中竟也匿着彩光，那些被专业折磨的时间里竟也暗藏着惊喜。

我依稀记得拿到录取通知书的那一刻，我知道了我的专业是管理科学，年少懵懂的我根本就忽略了“科”字，径自将其理解为管理学，当父亲问我专业是什么的时候，我告诉他管理学。父亲乐了说："不错不错，管理好，以后可以从事不错的行业。"

一字之差，千差万别，我学的是管理科学——市场营销和质量管理，与父亲心中的管理学有着较大的差别，而让我更心碎的是市场营销是跟卖东西打交道的，质量管理则需要绘画。卖东西，我向来不陌生，在我很小的时候，我家就经营着一家批发部，可是CAD绘画与我这个"手残"一族可真的太过遥远。

于我而言，选择市场营销是因为熟悉，也因为容易，可以做一些自己喜欢的事情，因为我心中还是有一个要成为"女富翁"的大梦想。而最终，我一毕业便跑到了南疆，当起了基层公务员，干起了政法综治工作，这是我万万没有想到的。

来到新疆、认识新疆、了解新疆，我慢慢有了一种特别不一样的感觉，我当起了南疆的宣传员。新疆的工作于我而言就像我曾经在微信发过的一篇我写的文稿《别再听新疆了，来看看吧》一样，有冲击而感动、忙碌而充实、紧张而期待的三种心态；而这三种心态的转变与我曾经在学校里所学的知识竟在某种程度上一点点地契合起来了。

大学时学习市场营销，不可避免地会学到商务礼仪、学到4P、学到SWOT分析法。后来当我第一天来到一个新的环境，文化、习俗迥异，想要尽快融入这里，我想到的第一件事是"要尊重这里的习俗与文化，要学习这里的理念"，这一下子帮助我很快接受了许多迥异的生活、行为方式，也让更多的同事接纳了我；当我接受了某一项工作任务，感觉或许有些困难的时候，我想到的第一个方法是利用SWOT分析法来将我的这个工作任务进行解剖与分析，这使我竟然能更快、更好地进入工作的角色，完成我的工作任务。我曾经以为那学点皮毛的CAD在我目前的工作上完全用不上，可是在绘制全乡地形图时，竟然也用上了。我忽然明白了曾经我们的科杰老师说过的一句话："你所学到的东西不会骗你，在将来的工作中，你总能够用到现在你学到的方方面面的知识！"

我曾经和无数的学生一样，认为考上大学、完成学业，不过是人生中一个需要迈进的台阶，有时候这个台阶够讨人厌，有时候我们在上台阶的过程中会跌倒、会摔跤。可是若连台阶都没有，我们又怎样去夯实我们前行的基石呢？我们又怎么知道我们就一定会摔跤、一定会害怕呢？

也许，在未来你会跟我一样发现——在大学里，学会的不光是一项技能，还有一种思维，这是最为受用的。人人都愿意趋从内心的风向，风往哪吹，你往哪飞，之前的学业积淀，便筑成起飞的高台。人生的重点在于高度，而不拘于方向。

写到这里，我忽然之间想起了龙应台女士给她儿子安德烈写的一句话：孩子，我要求你读书用功，不是因为我要你跟别人比成绩，而是因为，我希望你将来会拥有选择的权利，选择有意义、有时间的工作，而不是被迫谋生。当你的工作在你心中有意义，你就有成就感；当你的工作给你时间，不剥夺你的生活，你就有尊严。成就感和尊严，给你快乐。

或许在学习的过程中你会对专业知识中枯燥的术语觉得那样的反感，认为以后的生活中肯定用不上，所以懈怠你的专业知识；或许你在练字的时候觉得其实现在办公、报告都是电子化，根本不需要用笔写字，不需要费那个工夫去琢磨你的字体，于是一手狗爬字出现在视野范围内；或许你在看书的过程中，总觉得看书就是过上一遍，有个浅薄的印象，市面上关于这本书的评论这么多，你不加思考，就把它当作是你自己的也都 OK，就愈发不喜欢看书……

然而，你不会知道，越是高品质的生活，越需要厚积薄发，你学到的每一点知识都会在未来的时光中反馈给你；你看过的书、写过的字、用过的笔墨，都会以一种你意想不到的方式回馈到你的身上。

青春那样短，不在这段时间中丰富你的学识，增长你的知识底蕴，或许你在出了社会之后就不可避免地栽跟头。而这种在社会上的栽跟头与在学校中的栽跟头有着极大的不同，伤筋动骨还算小，劳民伤财才更可怕。

你没有看过的世界，大到无法想象，所以，没有所谓正轨，路不止一条，终点不止一个，有多少人，就有多少种可能。安身立命，不如兴致使然。请相信，乐趣激发出的动力会强劲无比。生活不应只是谋生，而是乐享，“跨界”正代表着一种新锐的生活态度与审美方式的融合。你的学识不会辜负你的青春，所有你拥有的武装你头脑的力量都将成为你将来行动的一个基石，让你能够在生活的过程中拥有更多的底气和更强大的内心。

你该懂得，所谓的大学无用论、所谓的在社会中去实践也不过是一个跌倒过许多次的人迫于现实而说出来的另一番语录。你要相信，你的学识不会辜负你的青春，你不会因为学了一些知识而真正地荒废你的人生，哪怕你所从事的工作专业不对口，可是那漫灌进你血液里的学识将会一点点地告诉你：无论你走多远，无论你在干什么工作，你总不会被你的学识所耽误；你要明白，多点知识充实与武装你的大脑，你就能够更有底气去面对人生的选择与挑战。

| 15 |

长大就是要学会不抗拒成长

近日，家里的各种小事、纷争不断，姐姐与妈妈已经上演了好几轮的母女对抗战，她们公说公有理、婆说婆有理，彼此互不相让、步步紧逼。她们两人之间的作战无外乎是姐姐 32 岁的高龄还未找到一个归宿，而且脾气变得更差了。妈妈觉得这是母亲没能教好子女的一个惩罚，所以想要通过辩论让姐姐意识到自己的问题；然而姐姐却有着她自己的生活观念，她认为妈妈完全就是在肆意甚至是恶意地操纵她的生活，她抗拒着妈妈的一切话语，话语中有着“兵戎相见”的意味。

姐姐痴长我们几岁，可是似乎那些痴长的时光根本没有让她成长，她固执得像个孩子，想要拥有孩子般的任性，抗拒有人推她快一点儿成长。

我们曾经搬过家，搬家的时候，姐姐在外上班，并不在家。我整理姐姐的房间，打开了一个箱子，里面全是“小书”。我是喜欢看书的人，以为姐姐这些珍藏的“小书”大概也是一些有意思的书籍；然而等我翻开这些书开始阅读的时候，发现都是一些七零八碎的言情戏，有的曲目都已经老掉牙了，我问过爸爸后，将这一箱子的书籍全都卖给了废品收购站。大概姐姐是幻想着从言情小说中看出一个“白马王子”来，所以，就算是不再看纸质版的“霸道总裁爱上我”之类的书籍后，却开始向各种网站比如晋江、潇湘、起点、红袖等网站投钱，开始看那些网络长篇红文，一天天地哪怕是熬夜也要去看那样的小说，哪怕那些书大抵都雷同、剧情都类似，看到前一段就能够想到后面的情节，还依旧乐此不疲。

就因为在书中看到了太多完美的霸道总裁、温柔将军，在相亲的过程中，姐姐总是特别挑剔，而且有时候不能做到用正常的眼光看待那些与她相亲的对象，总觉得别人是在高攀她，挑刺的时候太尖锐，说得对方根本就不愿再来往。每每这时，我会问：“姐姐，你到底想要怎样的一个人？你到底想要遇见一个什么样的人？”

她总这样说：“我总要图他一样东西吧，不是钱就是才，没有钱又没有才，我为什么要对他好？我为什么要恭维他？他们以为他们是谁？”

虽说我也并不赞同一些长辈的观念——到了高龄就将就地结婚、将就地成家，然而，我却也不赞同一个 30 多岁的女人一直占着性别优势，幼稚地觉得与你成家的人必须要供养你、必须要给你提供满满的情绪价值。婚姻应当是相互匹配的，是你来我往、真心实意的，人在长大的过程中就该获得成长，成长就是不再抗拒那些或是对你的赞美或是对你的批判。

长大，不是年岁一天天地长大就够了的，长大是能够接受成长中的各种问题，不抗拒接受他人的批驳，或许他人的批驳并非你的原样，可是也不该是尖锐地进行反驳、对抗。越是长大，越该用一个温和的态度去接纳事物，而非去抗拒。给自己设一个铠甲，不管是什么样的声音都掩盖在外，那到底有什么用呢？不过是虚张声势罢了。

姐姐总习惯性地把自己同比她小十岁的弟弟进行比较，比较父母的差别对待，认为父母就是重男轻女，就是没有把弟弟和她放在同一个天平上进行称量，姐姐总是说："同样是子女，谁又比谁好到哪里去，弟弟也一样没有长大，就像他现在锻炼了口才，那又如何？还不是一样的需要靠父母的扶持，既然是靠父母的扶持，那凭什么我不能？"

没有谁应该包容你的全部，哪怕父母也不可能做到让你不长大，他们总有一天会离开，你抗拒得了父母对你成长的期盼，难道还能继续抗拒社会对你成长的鞭挞？

我们从来都是清楚的，哪怕你哭着喊着说不想长大，可是时光的齿轮它不停地在转动，它不停地在推动着你一点点地长大、变老，没有人能够抗拒成长的步伐。你执意对抗成长，不过是让自己有了一个冠冕堂皇的借口待在自己想待的地方，变相地享受别人成长给你带来的好处，以及看着自己原地踏步，甚至不进则退之后的恐慌。

十五岁的表妹将近170cm的个头，在整个班级里是最高的学生，今年过年全家一起登山旅行的时候，她问我："姐姐，我其实觉得自己的心里还是在上初中、小学，可是一眨眼我就要面临考高中，爸妈都想着给我找老师补课，再提高一下，我总觉得有些揠苗助长了，我不想那么快长大，我们家也不算是大富大贵的家庭，花那么些钱在我的学习上，又让我觉得好心疼。爸妈的工作并不轻松，这几年，白头发都一片了，我觉得不长大好像又对不起他们，可是内心真的是不太乐意。别人家的孩子会这样吗？

你以前读书的时候也是这样吗？”

表妹还是一脸稚嫩，尽管个子比我都高了，却依旧是个真正的孩子，她带着成长中的迷茫问我曾经是否同样抗拒长大，其他人是否也同她一样有着这样的不想长大的苦恼。我自然要告诉她：“的确是的，我们都在抗拒成长的过程中渐渐长大，可是长大能让我们慢慢地不再抗拒成长。不抗拒成长，相当于你顺应时代的要求去给自己增添补给，就好像春天播种，只要中间不出什么极其恶劣的岔子秋天就应该要收获一样。”

到底什么是长大？长大是年龄的增长、阅历的扩展、心路的延展以及成长的速递。不能抗拒成长，不能抗拒每一个能够让你得到见识、得到财富、得到温暖、得到改进、得到提高的机会，不能因为恐惧、害怕、麻烦就止步不前。

生活给不了我们多少理由去拒绝长大，一年又一年渐渐繁重的学习任务、日渐年迈的父母、逐步递增的年龄、需要承担的费用、正在改进的职业规划……他们都是我们行走路上的负担，也是成长路上的基调，谁也躲不掉，谁也不能躲。

生活从来都没有时光机，不可逆转，你若不成长，自然有人代替你，把你甩在身后，让你痛，让你无法抗拒。

| 16 |

好女孩一定要有原则

S喜欢上了一个男生Z，见到他的第一眼就沉沦了，而在看到Z对他未婚妻的体贴与照顾之后，就更加迷恋他了。S见到Z的未婚妻的时候，觉得有些失望，因为她男神的未婚妻文文静静的，虽然说话得体，但在容貌上算不上美丽，她觉得这样的未婚妻配不上她的男神。她时常在自己遇到问题的时候就去找Z，而Z总能认真地帮助她，就像对待妹妹一样，可是她却从中感觉似乎Z对她不一样，并一天比一天认为自己与男神更配。

在Z与未婚妻因为结婚而闹别扭的时候，S觉得自己的机会到了，她接近Z，并表白："我喜欢你很久了，我想我可能比她更适合和你在一起！"她说完这些话后，觉得自己的人生似乎圆满了，虽然Z拒绝了她，可是她至少有了再一次去接触他的理由——因为已经表白了，他知道她喜欢她，她更有理由去找他、接近他。

Z与未婚妻两人在一起很多年了，闹别扭也很快能够解决。不久，他们和好了，并选定了去领证的日子。S心里难受极了，好些次朋友们聚会的时候，只要Z在，她一定会缠着Z，在喝多了的时候，会趁此机会要求Z答应她以后也要对她好，求他和她在一起，甚至还要亲亲、抱抱。

Z的很多朋友都当作看笑话一样看S，并在Z的未婚妻不在的场合中，跟着S一起起哄，大家都心知肚明：Z如果要接受和S亲亲、抱抱，也不过是对送上门来的香肩软玉的一个象征性的表达，他绝对不会为了一个认识三两个月的人放弃和未婚妻长长久久在一起？

什么是圈套？什么是套路？Z像很多男人一样，对送上门来的姑娘，尤其是这姑娘品质并不差的时候，还是乐意逢场作戏，伴着狐朋狗友的起哄，跟着S玩着暧昧的游戏，举手投足间让S更加着迷。

在得到Z的抱抱和承诺后，S以为自己赢了，她想要拿着自己胜利的果实去炫耀的时候，却惊讶地在朋友圈中发现此刻Z正领完结婚证，图片中是帅得一塌糊涂的他和平凡的她，Z一本正经地公示：我的挚爱，从今往后，冠我之姓，举案齐眉。

她觉得好生气，怎么会变成这个样子，不是说要和自己在一起吗？不是他们在闹矛盾吗？自己都努力了这么久，喜欢了他这么久，他抱过自己，甚至都亲过，她是一个这样好的女孩，他怎么可以这样对她呢？她找到了Z的朋友，把自己的疑问和不解向Z的朋友进行了询问，她不懂，为什么自己这样好的女孩，Z会不喜欢。

Z的朋友嗤笑："我倒是不知道你到底是不是好女孩，在我看来，Z的未婚妻绝对是一个好女人。你说你是好女孩，可是，在我看来，好女孩至少是要有原则的吧，你这样没有原则地倒贴Z，明明是去参加Z的订婚宴认识的Z，怎么还会不知廉耻地要求Z和你在一起呢？况且，我们每次看到你这样倒贴，都觉得很倒胃口的，所以，你说你是好女孩，你觉得我们会信吗？你信不信，大概，大家都不会把你的糊涂事往Z的老婆身边去说。”

S号啕大哭：“我喜欢一个人，去追求一个人，哪里错了？就算是我错了，你们不都错了？他不也一样错了？既然都是错了，凭什么说我没有原则，你们的原则又在哪里？”

“面对没有原则的人，我们是不需要原则的，你先打破了这个原则，你觉得我们有什么义务为你去夯实原则？不过是送上门来的玩意儿，需要我们去呵护什么吗？”朋友的话冷血至极，说完，也不管S怎样不满，径自走了。

好女孩们，或许你会遇到这样一个人——他体贴、帅气、多金，他甚至对你也呵护有加，可只要你知道他是名草有主的人，就该远离，就该保持距离。你可以欣赏他，可以把他藏在你心底的一个角落里去喜欢，但是绝不能肆无忌惮地像个赖皮一样粘着他，企图拆散他和他的她。

爱情里虽然并不完全遵循先来后到的原则，可是，姑娘们一定要记住，爱情里是讲究尊卑对错的，如果你不清楚这个原则，你就丢弃了自尊，丢弃了武装自己的铠甲。纠缠一个人，在那份或许你认为你得到的爱里面又有多少不屑和不甘呢？

你若是一个好女孩，就要清楚地知道什么人该碰、什么人绝对不该碰，你要建立一个健康的、良好的恋爱观，要有一个正确的价值观，管住自己那颗躁动不安的心、管住自己那放荡不羁的行动，让自己至少看上去不会有问题，让自己能够赢得尊严、赢得爱、赢得掌声、赢得最好的待遇。

你若是一个好女孩，必须认真地明白，年少的少不更事，在成年以后就不该当作错误的借口。没有原则的人不会得到他人的敬重，更不会有他人的体贴，你毫无原则地做的一些事情，它会在日后对你进行反扑，会让你更清楚地明白——那些曾经的没有原则，才是给你造成致命伤害的根源！

你若是一个好女孩，应当理智地认清你的底线在哪里，明白那些被他人拥有的东西，哪怕再有吸引力，也是他人手中持有的，你不该去碰；而同样也该清楚作为一个女孩，你自己的骄傲是什么，谁都不能将你的骄傲踩在脚下，要站得笔直，哪怕会痛、哪怕会难受，也不该丧失你的骄傲，对别人卑躬屈膝。

好女孩一定是有原则的，不去碰禁忌，不去贬低自己，不去糟蹋自己，好好地爱自己，好好地享受自己的人生。

| 17 |

岁月从来不败美人

诗词大会上有选手用诗句评价董卿："美人当以玉为骨，雪为肤，芙蓉为面，杨柳为姿，更重要的是以诗词为心。"她夸赞董卿是真正的美人，美得清新隽永。对于董卿，我们从来不陌生，无论是诗词大会、朗读者等大火的综艺节目主持，还是每年春晚中跟我们一起度过除夕佳节的那个大拿，她都给予我们观众一种由内而外的美，不是浮光掠影，而是历经岁月沉淀后的那种自信与从容。

通过百度百科，我看到了董卿的简历：1973 年 11 月出生，今年四十四岁，2002 年走进央视，先后主持《魅力 12》《欢乐中国行》《我要上春晚》等多档栏目，并凭借大方亲和的主持风格获得观众喜爱；2004 年因主持第十一届青歌赛使其事业稳步前进；2005 年，颇具黑马气质的董卿首次亮相央视春晚，随即被观众所熟知，连续十三年主持央视春节联欢晚会，连续八年被评为年度"央视十佳主持人"，连续七年排在央视挂历女主持人中前三甲。

赞誉的内容很多，而后我细细地对董卿的相关报道与采访进行了回看。她的父亲从小对她严苛，深知生活不易，知晓高学历会带来怎样的改变，因为父亲原本出生在一个贫困的家庭，后来通过自己的努力获得了命运的改变。父亲在她很小的时候就教育她要“腹有诗书气自华”，从她开始读书习字起就让她抄写古诗词、成语，并要求她大声朗诵。因为有这样的父亲，她从小就养成了阅读的习惯，就如同她在节目中说的那样：“如果让我几天不阅读，我就感觉像个几天没有洗澡的人那样难受。”

她一向没有美人的自知，可是就算到了“女人四十豆腐渣”的年纪，她依旧凭借《中国诗词大会》让观众认识到董卿是当之无愧的央视一姐，她的才情和实力经受得住所有的赞美和诋毁。而《朗读者》是董卿首次担任制作人带来的综艺首秀，节目播出后大火，更是让观众感受到节目的诚意和幕后工作者倾注的心血。两档节目让人开始重新审视这个主持人，让人看到她的美，并透过外在美，走近她的生活习惯、个人情感价值观、学习态度，却让人发现了一个更隽秀的主持人。

若有才华藏于心，岁月不败美人。女人真正的美来自于书卷气，而非过分的外在打扮，就像三毛说过的：“读书多了，容颜自然改变。许多时候，自己可能以为许多看过的书籍都成过眼烟云，不复记忆，其实它们仍是潜在气质里、在谈吐上、在胸襟中，当然也可能显露在生活和文字中。”

在我看来，女性原本就更需要由内而外的美，时代的发展变迁，让各种光怪陆离的事情变得非常普遍，而整容技术这么高超，确实是有好些人能够一朝变成“范冰冰”这样美艳动人的明星，却难以一朝变成“傅莹”这样气质优雅、美丽与智慧并存的外交官。

傅莹，中国最有名的女外交官之一，她十六岁辍学，二十岁重返校园，三十五岁成为邓小平贴身翻译，她创造了中国历史上的三个第一：中国第一位少数民族女大使，中国第一个驻外国女大使，全国人大首位女性新闻发言人。她被外国元首赞誉为“最能传递中国声音的使者之一”。她经历过中国最动荡的时代，在那场腥风血雨中，她被迫终止了学业，在各种劳动中筋疲力尽，可是就算在这样的条件下，她还是不放弃任何学习的机会。她在农场附近找到了一家破旧狭小的图书馆，只要有空就会去借书看，广播电台播英语了，她就会偷偷地跟着念，在她的努力下，她自学完了高中科目。

时光不会辜负每一个真心付出的人。动荡结束后，她参加了高考，考入了重点大学，大学毕业后又以优异的成绩进入了外交部。为了提高自己的翻译水平，在领导讲话时能够听清内容、记住原话，并立即可以用另一种语言表达出来，她私下进行了无数次的练习，并阅读各种书籍，来增长自己的知识和词汇量，并仔细研究各个国家领导人的语速和讲话习惯。

从青丝到银发，她虽然韶华已逝，却越活越有气质，在她出席的每一个活动中，你总能看到她的银发一丝不乱，装束落落大方，优雅无比！人的优雅无法装扮出来，那是阅尽人生后的坦然，是饱受沧桑后的睿智，是无数沉浮后的淡泊。洗尽一身铅华，她不炫耀、不张扬、不空洞、不浮躁，内心博学、灵魂丰盈。花甲之年她比当年更内敛、更深刻，也更美丽。她是中国当之无愧的外交知性发言人，她用温柔的力量向世界传递着坚定的中国之声。

哪怕岁月带走了她的青丝，银发装点了她的头，皱纹爬上了她的脸颊，她却从来都未落入俗套。她的气质里藏着岁月的沉淀，那种美是深入灵魂的修养，是久处不厌的舒心，是生活经历馈赠的礼物，是腹有诗书气自华，是岁月不败美人的真实写照！

姑娘们，不要害怕岁月的流逝会带走青春的气息，也不要惶恐有朝一日自己被时光带走了年轻的活力，只要认真地持有自己的生活之书，让自己的美刻入灵魂深处、让知识武装大脑、让底蕴附加于心、让气质与气场如影随形，你会发现，这份美丽已超越时光的碾压，你会更加懂得如何去用心生活。

别害怕，莫惶恐，能把你从一个美丽的姑娘变为一个落魄的老人的从来都不是岁月，而是你自己。你是否认真学习、是否真心修炼，是否真正地去思考人生，去坚持做好生活中的每一件大事小事。若是你能够从生活中的每一件小事中发现美、领悟美、获得美，你就能够在生活中赢得你的不败之地，哪怕岁月变迁、哪怕光阴飞逝，你都能够获得你的美满！

文化的熏陶会让女人自然而然地形成一种儒雅的气质，在诗书中修炼容颜，在生活中陶冶情操，在光阴里沉淀经历，若认真生活，岁月自然不败美人。

| 18 |

别让你的袍子爬满虱子

张爱玲说过："人生是一件华丽的袍子，里面爬满了虱子。"仔细琢磨她的这句话，结合我们现在生活中的种种，我们总能发现：在追求华丽的袍子的时候，我们总不停地在抖虱子。好多时候，那些陈旧的往事、虚假的报导、被设定的人生都像是你人生中的虱子，如果不能抖掉那些虱子，最好的做法就是让你的袍子变得更干净。

上高中的时候，我认识了李老师，她是我们学校的一名实习音乐老师，认识她纯粹是因为她漂亮。要知道对于我这样交友慢热型、被动型的人，主动地去与她交朋友、谈话，不顾被高冷的美女拒绝的最主要的原因是她精致的妆容和一颦一笑间动人的风韵。我从小一直特别喜欢与漂亮的女生打交道，就像个小色魔一样，看到漂亮的女生会目不转睛。李老师出现在我生命中的时候，我确实是被她惊艳到了，她大概是那个年纪中最会打扮的，最能享受品位生活的，也是最吸引我的人。

她走的是淑女风格，夏天绝对是各种裙子加身，波西米亚的连衣裙、俏皮的小皮裙、性感的包臀裙……再踩上一双双各样的高跟鞋，就像是一个女王，又像是一个公主，让人移不开目光。冬天，她身上的装备也是满满的靓丽色彩，不会像我一样，只要暖和，把自己包成球也无妨。她绝对能够在一堆衣服中找到最能凸显她的身材与气质的衣服，就像韩剧中的那些女主角。

她是实习老师，并不教我们实验班，但因为她的宿舍和我的宿舍挨得比较近，所以，在第一次看到她的时候，我就被吸引了。于是每次经过她的宿舍的时候，我都会情不自禁地停留一会儿，或是与同学们说话说得很大声。久而久之，也引起了她的注意，她邀请我去了她宿舍喝茶。

我没有想到同样的仅有一室的宿舍，别的实习老师都是很简单的床，床前面就摆一个桌子，电脑也好、碗筷也罢，都摆在桌子上，美其名曰：要记住这艰苦的岁月。可是，她完全不一样，进去的时候没有看到她的床，反而是一张漂亮的帘子将这一室的房子分割为两部分，外面是办公区，里面是私密区。书桌被她摆放在朝外靠窗的地方，上面整整齐齐地罗列着她最近在看的书，房中有一个小圆桌，圆桌上面放着一套茶具，下面则垒着五六把小凳子，小凳子也是漂漂亮亮的，墙上还贴着好些自己拼接而成的贴画，整个屋子变得别有韵味，就像是自己家里的小房间一样。

年少的我自认为是粗人一个，在其他实习老师那儿能够摆出来的阔绰在面对这样的老师时，我竟然有些局促，不知道是该坐下，还是该起身对老师说一声："老师，我下次再来。"但年少还是会厚脸皮，除开第一次的拘谨外，此后，我放开了和李老师聊天，时不时地去她的宿舍喝各种各样的茶。

我以为李老师的生活该是非常惬意的，一方面她比别的实习老师漂亮，另一方面，她是真的懂生活，把自己这里打理得这样有意思。

我说："李老师，您这生活真的太有意思了，就这宿舍的样子都是我见过的实习老师中最美的，你们实习的工资很高吧？"

然而李老师告诉我："其实实习的工资真的低，只有800块钱，教音乐又没有多少课时费，学校还规定了不允许随便外出接私活儿，不然在实习工作鉴定中就会给你记上一笔。可是总要生活，要在外披着一件华丽的袍子，在屋子里就不能让这袍子落了灰，给了虱子可趁之机。"

我听懂了她话中的意思，忽然想到另外一个实习老师刘老师。刘老师是政治实习老师，她穿着打扮也很漂亮，讲课说话也都是中气十足，刚开始我也非常喜欢她，撇开她上课有些语无伦次之外。可是，改观是在进入了她的宿舍、看到了宿舍的卫生后。

那也是一个机缘巧合。我本来是找李老师去咨询一下关于高二分班的事情，因为自己那天有些迷迷糊糊，所以走错了楼层，敲了刘老师的门。因为是女生宿舍，刘老师给我开门的时候穿着一件背心，或许是因为天气燥热，所以她没有穿内衣。她见到我，很惊讶，我同样也惊讶，没有想到刘老师背后是这样一个形象。她让我进了门，可是屋子里乱糟糟的，床上的被子没有叠，地下的袜子和鞋子也是乱糟糟的，没有摆好。或许是刚刚备过课，所以书桌上凌乱地放着书，而昨天晚上吃的泡面桶也放在一旁，各种味道齐聚一堂，让我一下子有些晕。

刘老师连忙说："让你见笑了，我这里这几天是有些乱，工作有些忙，来不及打扫，你有什么事吗？"我看出了刘老师的尴尬，便简单地向她问了我想要问的事情。我们简单地交流了一番，我便走出了她的宿舍。

我以为刘老师的这个狼狈和邋遢的样子只有我一个人看到了，便有些带着炫耀的样子和我的好朋友说起了此事，哪知道，我的好朋友说道：“这有什么的，我都去过她那儿好多次了，每次都是这样的，她的宿舍比我们的宿舍还要乱，或许是因为老师的宿舍不用检查卫生吧，她根本就不搞卫生的。”

那一刻，通过对比李老师和刘老师，我忽然明白了李老师说的那句“我可不能在外披着华丽的袍子，而里面却爬满了虱子”到底意味着什么！

你在外有多精致，内里就该有多精致，否则是件多么可怕的事情！大家基于你精致的外表乐意与你交流，可是，在探讨你内心、探讨你进一步的生活的时候发现你那样糟糕，那该是一件多么让人失望的事情啊！

我想，我们都是可以抖虱子的人，哪怕一步一步地慢慢去抖，也不至于让我们的人生爬满了虱子。这个世界并非完美的世界，而我们的人生也从不是完美无缺的，可是要知道啊，人与人相处并非一朝一夕的事情，你在外的生活那样美好，却在夜深人静的时候，看到一个被虱子爬满袍子的自己，看到一个肉体全是包的自己，该是多么让人失望啊！

我们该学会让自己的袍子更干净，别让自己的袍子爬满虱子，就算不致命，可是那样的瘙痒为何要去忍受？

| 19 |

那些对过往的习惯与怀念该停下了

彩儿是我的朋友，她似乎过得很跳脱，也很肆意。我向来喜欢这样的姑娘，颇有一种不畏将来、不念过往的坦率胸襟。然而，在深入与她接触之后，却发现，她并非是那样一个姑娘。她习惯性地去重复做一些事情，只是因为她走不出对过去的眷念。

她喜欢重复不停地去画小狗。刚开始学画画时，她就开始学习彩画，她最喜欢画的是小狗，各种各样的小狗，但是颜色永远是白色，每次我去她家找她玩耍的时候，经常看到她在画小狗。

我问：“为什么这些不同的品种你都只画白色的小狗呢？这藏獒不应该有这样白色的吧！哪有你这样习惯性地把各种狗都当成小白狗的呀！”

“你说我习惯性地把狗当成小白狗，我倒分不清自己这样重复地染这一种颜色究竟是习惯还是怀念了。”彩儿收好她的画具答道。

她这样一回答，竟让我也不知道究竟该怎样去接话，可是，转念一想，很多时候，我们常常会去重复地做一些事情，比如去菜市场买菜的时候，如果不知道该买什么时，很多人都会习惯性地把不久前自己炒过的一道菜再买上一份，当然也会有人因为怀念曾经那道菜的味道再去购买那道菜。我们时常分不清楚，我们是基于习惯还是基于怀念去重复不停地做这些事情。

“彩儿，我觉得你能够从画画中找到开心的感觉，这就非常不错，不管是白色的还是其他，都非常好看，将来你开画展的话，肯定会轰动的！就是不知道你会重复地画多长时间？”我说道。

彩儿说：“你认识我是在我男友去世后，你看到的我是经过打磨后的我。我的男友生病去世前，我们一起养过一只博美，白白的，很可爱，我们当时说过以后要养好多的小狗，都要是白色的。后来，他生病了，他去世没有多久，博美也在跟我去商场的时候，由于我疏于照顾，被车给轧死了。当陪伴我的人都离开我的时候，我觉得大概命运也许就是这样。我走不出那段感情，我重复地去画彩画，并不是因为我很喜欢，是因为我男友他以前就是做这个事情的，我画白色的小狗，也不过是因为我还在怀念以前的那段时光。我如果不重复做这些事情的话，我根本不知道自己该怎么办。我不想一直活在过去的记忆中，想要开始新的生活，但是，却发现只有重复地做这些事情，才能让我心里得到平复。”

我们在成长后会发现，你看到的人，往往都只是看到了她想要给你展现的那一面，那些歇斯底里的、那些不可控的一面，只要她不愿意在你面前展示，你永远也无法看到。而若是你看到她在日复一日地重复着做某一些事情的时候，或许你能发现，原来她是一个有故事的人，她或许存在着某一个方面的习惯或怀念。

可是，人生一直都应该是往前走的，如果我们总是停留在过去，一直重复着做某一件过去或许一直在做的事情，基于习惯和对过往的怀念，那我们就永远都无法获得新的生活。就像彩儿，她已经二十九岁了，男朋友也已经离开四年了，却依旧不愿意开启一段新的感情生活，任由身边的人来了又走。她从不曾想过是否真的要开始新的生活篇章。在更深入了解她后，发现每到情人节或者那个男朋友离开的日子，她总会消沉，或是抱着被子哭泣，或是等到男朋友的家人看过后，在男朋友的墓碑前坐上整整一天。

我们这一生中总会遇到好多事情，那些过往的日子中印刻着太多人的生活轨迹与成长步调，在过往的日子中，我们太多的人都习惯性去做一些事情，让我们去记住那些好的与坏的，哪怕我们走着走着失去了牵手在一起的人，却养成了厮守一生的病；我们怀念、我们追忆、我们害怕、我们沉迷，于是，我们日复一日地让自己每一天沉醉在同样的事情中，以为这样，我们可以怀着眷念好好地过完这一生，可那是多难的一个选择啊！

你重复做一件事情，哪怕这件事情对你的吸引力再小，你一天两天三天地这样一直做下去，你总会养成习惯。要知道一个小习惯的养成也就是一周的事情，而你整整做了一两年，你以为你花的时间是凭空掉下来的，还是你以为你花的时间是从别人那儿抢来的啊！

谁都不能知晓人生的变故究竟会在什么时刻发生，谁也不会明白，如果我们去一点点地贴近生活，拥有生活的本真，享受现在的日子，我们该变成怎样的人？又将拥有怎样的人生呢？

在彩儿又一次将喜欢她的男生推开之后，我接受那个男生的邀请，去做彩儿的思想工作，其实不一定能够做得通，但是，我想已经四五年了，是该开始自己的新生活，对过往的那些眷念、习惯和怀念是该停一停了。

彩儿似乎知道我的意思，她笑得风轻云淡，却流着眼泪说：“早就该停下对过往的眷念和习惯了，只是还未找到一个突破口，太怀旧并不是一件好事情，每个人的人生都是不可逆的，可是我已经在这里停留太久了，忘了前行的方向。”

我抱着这个在过去停留很长时间的姑娘，说：“别怕，别怕，会好的，把尘封了的岁月真正封住，走出去，会好的……”

如果过去给了你太多的眷念，培养了你的习惯，如果你发现自己想走却害怕走出去，不妨先处理一下自己的心，让心停一停，停下对过去习惯的、怀念的期待，让自己不要再回头，一步一步地走出过去的圈子，一点一点地开始新的生活步调。虽然过程有些慢、有些痛，但是心会活络起来，人会更好起来。不信你试试！

| 20 |

你要漂亮得闪闪发亮

曾经有朋友们给我们的容貌打分，我得到的五官整体分值是 6 分，但因为我常常疏于打扮，并且不愿意整顿自己，因此朋友说，如果拿到市面上去做比较的话，我的整体分值会低于 6 分。

为了美丽，太多的人付出了很多，努力想要让自己看上去很漂亮。要知道在这个看脸的世界里，一副娇美的容貌确实是会给你带来加分，美人总能够更多地感受到这个世界的温柔。

我时常会听到很多人说类似“我长得不美丽，我也很绝望啊，可是这脸是爹妈给的，我还能回炉重造吗”“我也不喜欢我自己的油光满面和满脸的痘印，可是我这不是还没有找到更合适的方式来改变自己吗”“我要找一个不看重外表的人来成家，那些只看皮相的人，又有什么值得你去珍惜呢”。每每这时，我总会笑，容貌自然是爹妈给的，虽然，有许多人往往也会说“我看中的是她美丽的心灵，她漂不漂亮我不在乎”，可是，现实社会中很多人首先是被皮囊所吸引的。世界上又有几个人能够通过你邋遢的外表去探视你内心的美丽呢？那任人宰割的猪不也是善良得很吗？它甚至舍得把肉给你吃，供你果腹，可是，你见过那些漂亮的汪星人、蠢萌的喵星人，但你见谁把庞大的猪当作爱宠吗？

漂亮，常常有人说是天生的，但其实没有谁能够天生就漂亮得闪闪发光。很多时候，美丽的人总是能够从各个方面找到自己的闪光点，一点点地打磨，一点点地让自己更加漂亮。

我的妹妹是一个很臭美的女生，我也是在长大后才发现，原来曾经那个跟在我屁股后面的腼腆姑娘，忽然之间就变成了一个绚丽夺目的美人了。我不清楚她到底是什么时候开始一天天变美的，曾经的她活得像个男孩子，不在意脸上的痘痘，不在意过分肥胖的身体，不温柔、不淑女。

或许是因为成长过程中发现那些能够获得关注与关心的东西后，她就开始健身、减肥、改变穿衣风格、化淡妆，学着更为淑女些，至少表面上温柔地与人交流、谈吐。她会与我们家里的所有人交流有关美丽的看法，也会在每天早上洗漱完后，对着镜子中的自己说："美好的一天，从早上开始，哇，我简直太美了！"

她一天天坚持做美人该做的功课，从简单的护理开始，化淡妆，学钢琴、学跳舞，将自己培养成一个更为知书达理的人。每天早上她六点钟起床，洗漱完后，就穿着运动服到下面去跑跑步，大概半个小时左右，回到家中比划着自己衣柜中的衣服，换上一套适合自己今天出门的服装，然后安排这一整天的生活。她总是有条不紊地开始打理自己。购物的时候，她量力而行，买的衣服都是适合自己风格的衣服；饮食的时候，她也不会委屈自己，该吃的吃，不该吃的坚决不碰；锻炼的时候，她从不缺席，她说：“什么都可能是别人的，但是身体总是我自己的啊！”

妹妹对我说：“漂亮需要一些成本，成本的提高，自己的生活质量也会随之提高，我希望生活过得更规律。不管怎样，是一种自己想要的生活，这就够了！我想要变得‘芙蓉不及美人妆，水殿风来珠翠香’般，这样会让我获得更多的赞誉。”

“而且，你知道吗，我发现这个世界对美女会宽容一些，就拿学车这件事情来说，我娇滴滴、美美的在驾驶室上练车，我的教练对我说话总会比对那些男生、那些看上去男孩子气的女生要温柔，哪怕我犯了错，教练也不会为难我，不会凶巴巴地骂我。既然漂亮能够让世界对我们更宽容，那么我们为什么不好好地打理自己呢？更何况，漂亮还能让我们变得更自信！”

我忽然想起小时候，那些从小就懂得如何打理自己的女孩子，她们或许成绩并不好，可是她们却敢表现，敢上台说话或者上台表演，哪怕说出来的话并没有条理，哪怕表演得并不精彩，大家投给她们的往往是亲切的眼神和善意的逗趣。她们往往更多地接受到这个世界的善意，可是五官存在明显缺陷的人往往遭到的是更多的恶意。相对于漂亮的女孩更自信，长相上有缺陷的女孩会明显自卑。

我有一个大学室友，她天生就有点儿缺陷，唇色是黑的，她的个子小小的，人也很瘦弱，她一般都不抬头看人，看人的时候也经常性地会抿着唇，她觉得自己在整个班级中是非常丑的，所以她不开口说话，也不太愿意参加社团活动。

有一次晚上的卧谈会，我问：“为什么你总是一个人玩？和我们在一起玩耍不好吗？为什么不去参加活动呢？”她寻思了挺长时间，然后，她说：“我太丑了，不太敢和你们玩！”

她说完这句话，整个宿舍都陷入了一种可怕的寂静，其实整个宿舍的人在颜值上都没有达到倾国倾城的程度，可是大家通过几年的大学生活，慢慢地梳理打扮，变得漂亮了。大家都在各自的社团里侃侃而谈，获得了各自人生中的点缀与光环。可是她却因为觉得自己不漂亮，一直都不愿意出去。我忽然明白了，原来漂亮会给人带来这样大的心理认知，在我们并不多么清楚的时候，漂亮已经决定着我们是否能够在人生的舞台上闪亮登场。

漂亮并非是一张脸的事情，为了漂亮需要做的事情很多很多，看书修正思想、护肤调养肌肤、锻炼强化健康，并从思想的高度开始领会漂亮的意思，我们能够发现，总有一天我们能够漂亮得闪闪发光。

如果你能够在人生的舞台上为自己做一些投资，让自己可以漂亮得闪闪发光，那么或许有那么一天，你就能够真正地享受你的精彩人生。学着让自己漂亮得闪闪发亮吧！

| 21 |

你是害怕舒适还是害怕输了

最近常常接到一些陌生人的咨询："我感觉自己现在的生活就像是温水煮青蛙一样，活在了一个舒适区，不知道哪一天被淘汰，我感觉好像应该要改变现在的状态，但是我确实是害怕如果我跳出了现在的这个圈子，我又能够适应外面的变化吗？"

面对这样的咨询，我忽然想起一个刚出校园的学生询问一名教授，她问："如果我选择创业，要是我失败了怎么办？"教授一语惊人地说："你本来就一无所有，又还能有什么其他的失败呢？"

很多人在是否跳出舒适区这个问题中有些踌躇，太多的人说："要尝试跳出舒适区，去寻找改变，去精进自己。"在我看来，跳出舒适区算得上是一个伪命题，人生原本就没有什么是舒适区，人们往往以为自己习惯的一个舒适环境就是一个舒适区，以为日复一日没有变化的工作的地方就是舒适区，然而，并不是。谁都愿意待在一个让自己舒适的地方，而这舒适的地方是否会杀死你，并不取决于这环境是否舒适。

我们不禁要思考：一些居安思危的人为什么会害怕自己在一个环境中丧失自己的斗志呢？人们在生活中到底是在害怕舒适，还是害怕输了呢？

大学时代，学生们都是在同样的一个环境中生活的，条件都是一样的，但是人的发展却不一样。有的人在这舒适的环境中明白自己的目标在哪里，并朝着这个目标去做，后来她赢了，漂亮地毕业了；而有些人则在舒适的环境中开始忘记自己到底要的是什么，浑浑噩噩地在舒适环境中失去了舒适，也输得彻底。

我时常这样回答迷茫的人的来信："不管此刻你所处的环境到底是怎样的，你要做到的事情是把自己做好，人们不会因为舒适而真的消亡，你要弄明白你到底是害怕舒适还是害怕输了。要知道，生存与消亡其实都是取决于你自己！"

前段日子，我们讨论着：如果此刻你失去了当前的主要工资来源，你会怎样过你的日子，你能否过好你的生活？是选择继续按照舒适的方式生活，还是迈出新的篇章？

于是我开始思考：对于生活，你要做的事情有哪些？你爱生活的方式与节奏，你想要的是很好地生存在这个世界上，还是就这样按部就班地生活，虽然没有多好，但也不赖？就像《老人与海》里那位老人说的："人从来不是用来被打败的。"我们得有目标，不是吗？

我生活中的有一段日子真的过得穷困潦倒，应该算得上是人生中最大的劫难——身无分文，而花销却比钱包要大很多，考驾照花费了近七千元，但却没有考过，还得继续再砸钱去考试；我的小微事业才起步，完全没有什么起色，根本就走不出我的小世界；我的稿费与工资也一直没有下来，却需要缴纳各种生活费用；我的存款已经空空如也，却还在生日之前给自己购买了重大疾病险和意外险，花费了近万元。

我恍惚间发现自己踏进了一个死胡同里，因为前面一直都没有去思考自己生活的圈子给自己带来的是怎样的一种状况；待在舒服的地方太久了，就忘记了自己究竟该如何去开启新的征途；在开启新事业的过程时遇到了一些挑战以后，我更会迷茫不已——自己到底要怎样去寻找新的出路？到底是不是就要认输了？到底走出的这些步子是不是正确的？

那个时候的我会觉得好些事情对于我而言真的很难，我会为自己找无数的借口，而每每夜深人静的时候，我都会不停地想：如果我放弃走出自己的那个舒适的圈子，不去尝试做这些事情，不去考驾照，那么我或许不会花费那额外的几千块钱；如果我不开启我的小微事业，那么我或许不会投资近万元；如果我不购买保险，我也不会花费近万元，那么此刻的我或许还是一个小小富婆，就坐在办公室里，守着我的工资，悠闲地过日子。

悠闲的日子，怎么就不能好好地过了呢？舒适的人生怎么就不可以拥有快乐呢？然而，我发现我并没有认为自己曾经待的地方是舒适的，我想要改变只是因为我害怕若是继续下去，我会付出一切自己能够持有的资本，我发现我想要的生活是能够让我更加快乐的生活，是在历经了对未来的恐惧之后，沉下来思考认为自己需要拥有的一种生活姿态。

我现在很庆幸自己参加了驾考，因为这让我能够明白每一个上路开车的司机的心态；我很庆幸自己开启了小微事业，因为这样，我认识了好多人，他们中有好多人对于生活都有着自己的见地，值得我去学习与借鉴；我同样很开心自己购买了保险，因为看到那么多的人因为生病众筹时候的那种焦急，忽然间明白有些投资万万不能少，一旦少了，就是对自己的不负责。

我们时常说的那些“跳出舒适区”，不过是因为我们不愿意有朝一日我们输了，彻头彻尾地没有自己的竞争力，只要我们自己不放弃对于自己的投资与增值，我们不可能被一些外在的东西打败。好多人都希望我们的人生可以更美好一点，因此更要注意对自己的投资，你对自己有多好，将来生活回馈你的就会有多好。

人是要思考自己存在于这个社会中的价值和意义的，你是否要跳出舒适区，是否值得为了某一个不确定的事项决定去做一些自己根本意想不到的事情，都是你自己的选择。你得明白，无论是跳出舒适区还是待在这里，都是让你可以更好地拥有生活的凹凸面，能够不怕走出去的那一步就是输了，那么你就能真正地获得新生。

| 22 |

越是不相信越没有可能接近成功

在我开始做小优事业的时候，秉承着团队里领头羊所说的：“要认真地练习一对一谈单的技巧，认真和每一个潜在的客户沟通，关于产品、关于制度的内容，真诚分享，乐于沟通。”

作为一个小优事业起点的小白，我总希望自己能够先跟随、模仿，然后开启真正的创业之路。于是，我很认真地听从了团队领头羊的意见与建议，开始了我的一对一沟通之路。于我而言，学习产品知识和认真地开展小优服务都是一件不容易的事情。我喜欢扎扎实实干工作和拓展业务，我相信扎扎实实地做事情，是一定能够得到回报的，你积累得越多，你的回馈也就越大。

在与我的第一个潜在客户谈关于小优产品的时候，她对我说：“我怀疑你的产品，一方面我怀疑它是否是传销，另一方面我质疑做微商能够赚到钱，现在的市场这么不景气，我根本就不信有什么蓝海市场！”

我听了这话，其实有些生气的，作为一个曾从市场营销专业毕业、自学法律知识的从事政法工作的人，我自认为自己对于传销与微商有着清晰的辨别能力。同样，我也认为自己的人格让自己能够清楚地明白，我在做的事情是一份正经的工作，能够让我得到经济上的收获以及生活上的改变。但同样的，我也明白，客户的不相信一方面是因为她没有接触过这样的产品，因为没有见识过，所以怀疑；另一方面则是她从心里不相信能有那么一个东西，可以改变她的生活方式与思维模式。

这就好比你没有登上山顶去看山顶的风景，所以你根本就不相信登高望远的人看到的是怎样的一个云翻雾倒的场景；就像一个身价百万的老板告诉你这个投资是正确的投资，而你因为没有见到过，所以踌躇、怀疑。

对于未知的事物，如果在我们能力范围之内、在我们考虑最透彻的范畴之内，我们要保持我们对于生活的期待与向往；如果你不相信事情会发生，不相信什么事情能够让你得到收益、接近成功，所以你以抗拒的姿态去拒绝尝试，那么你能够获得的也就只有在圈外的徘徊罢了。

前不久，我听了一个爱奇艺导演朋友的知识分享，她说："我们太多的人习惯看衰事物的发展，太多人习惯持怀疑的态度去看待这世界的进步，就像当初网络电视剧被看衰，可是现在传统的电视行业却因为网剧的发展而受到极大的冲击；就像当初 2007 年'加油好男孩'中选出来的几个花样美男子李易峰、井柏然等人，是被整个行业批驳的，说好男孩怎么会是这样俊秀、没有阳刚之气的小鲜肉，他们怎么可能发展得起来！可是时过境迁，他们一个个成了众所周知的明星、演员、歌手，在娱乐圈中发光、发亮。好多人不相信或许只是不愿意去承担失败的风险，可是不相信就能成功吗？未必吧？”

我们去怀疑一件事情发展前景时，不过是因为我们内心缺乏底气，缺乏我自己能够把这件事情做好的底气，我们以为我们是不能做好这些事情的，所以我们会害怕如果我们去做了这件事情，我们会失败。因为害怕失败，所以拒绝尝试。因为害怕失败，所以用怀疑的眼光来抵制下一步的发展进程。可是，这个世界上的所有事情光怪陆离，你待在狭隘的空间内，又如何能够见到世界的全貌呢？

小王子是我很佩服的一个姐姐，在她身上，我看到了无数种可能性，也看到了对于生活她到底是基于怎样的一种态度。

她曾经是一家培训机构的英语讲师，从事英语教学六年，她教得很好，在武汉月收入也能够达到一万元左右，可是日子一天天地过，她觉得太没有成就感。每天的生活按部就班，虽说一万元的工资看似很高，可是却不够她的孩子在一线城市的各项支出，她觉得自己应该可以有更好的发展，应该能够有不一样的生活，于是她开始尝试新鲜的事物。从来没有做过微商的她开始跟着公司做起了微商，善于学习、善于总结、善于利用自己能说会道的优势，她一点点地开拓了她的市场，慢慢地进入微商的角色，三个月的时间，她有了自己的团队，收入也开始成倍地往上翻。

她说：“在我研究好了一个公司团队、一个制度体系，并认真地体验了产品之后，我觉得这是一个很好的机会，我没有怀疑它是否能够给我带来质的改变，反而我很期待这些未知的可能性，因为有这样一些未知的可能性，所以，我希望自己能够用心去做。做好了，是我应得的，做差了也是我应得的，别人做得很好，我做差了，就是我没有成功而已，该怀疑的是我自己的能力，而非事情的本身！”

“在面对选择的时候，我们可以去相信或者质疑，但是在面对待开拓的事业时，我们应该去研究可行性。做好了可行性分析之后，我们就不该抱着怀疑的态度，把该做的事情做好。若是舍弃觉得可惜的话，那么我们就要去拥抱。而你在开始去做这件事情、开始去咨询这件事情的时候，就该用一颗相信它能发展起来的心态去做，唯有如此，你才能获得成功。不相信成功的力量，怎么能够抵达成功的彼岸？”

人们在怀疑一件事情能够带来的效果时，往往是对自己本身的不自信，不相信自己能够做得好，也不相信自己将来能够获得成功。我们怀疑的不是事情的木身，而是做这个事情的人。可是，如果你连自己都怀疑，连自己的选择都不停地质疑，你又有怎样的资本来走好自己今后的每一步？又能如何去尝试开启新的事业、开拓新的发展呢？

尝试着去相信，相信新鲜事物发展的可能性，相信自己有朝一日能够成功，为此不断地努力，并不停地去开拓。或许真的有一天，你会发现自己所站的地方完全不一样了，自己所拥有看待问题的视角也完全不一样了。而那时每天都是全新的自己，每天都能接触到完全不一样的世界。这或许就是相信的力量！

| 23 |

我们生命中的那些风风雨雨

得知又有一个与我们一同奔赴这个“战场”的同伴离开后，我内心是波动的。生命中来来往往的人有太多，我们都要经历好多事情才能真正地获得成长，可是我们常常会担心自己到底有没有认真面对生命中风风雨雨的那种勇气和信心。

作家麦家说：“作为作家，我希望能够把东西提炼出来，将那些共性剖析出来，然后让更多的人走出这样的一个困惑。”所以这也就是为什么我们会在别人的书里看到自己的影子，为什么我们自己会出现在别人的故事里。我有时候会思考，在我们这几十年的人生中究竟会遇到怎样的事情呢？我们到底是否有足够的勇气和心力去面对？

忽然记起大学刚毕业的一段时间里，因为种种支出，我的卡里只有500元钱，我紧紧地拽着这张卡，内心极度不自信。刚毕业，没有一身得体的衣服，在网上看到一套西装，就是300元钱都觉得简直太贵了，打电话让姐姐帮忙买的时候都感觉难以启齿；在需要重新启程去其他地方的时候，发现自己的箱子根本容纳不了必需物品的时候，想要买一个精致一点儿的箱子，都因为看到那标价便望而却步。

我调侃自己，并发朋友圈：这些日子要吃土了，超过 5 块钱的人事就不用找我了。我的发小玉儿立即给我打来电话："有姐姐在，还轮不到你吃土呢，要多少？姐姐给！"

她爽快地给了我 5000 元钱，可是我却对她说："我可能一时半会儿还不了你这钱，因为暂时我想不到自己该往哪个方向走，也不清楚自己是不是会遇到一个更好的人生。现在做的工作，只是迫于自己想要尽快在这个地方立足的一个临时选择，最主要的是，感觉时代变化得太快，我甚至都不清楚自己究竟要做什么！或许经历了风雨，我才可能见到彩虹；又或许经历了暴风雨，我被淋成了落汤鸡，还没见到一点彩虹的影子！"

她却对我说："就 5000 元钱，你还担心还不了我，我也是对你失望了，现在忽然之间好想和你睡在一个房间，和你聊好多事情。不要担心会遇到风风雨雨，大家都是这样走过来的，我比你先走进社会，遇到的事情也比你多，可是我从来都不相信我们会有什么坎走不过。以前你们都在上学，我在外打拼还没有人给我这样的资助，你现在有资助还怕什么呢！"

看我们的人生之路，或许真的是在质疑与暴击中变化着的，有时候你时常会听到质疑的声音："你这么大了还一事无成，你在瞎折腾些什么？""你看，别人在这里干得那么好，你就不能好好地干吗？"

我们太害怕在风雨交加的路上迷失了方向，也太恐惧自己一直都处于这样的暴风雨的情景下，我们恐惧、徘徊，生怕自己的人生就这样一步步地走到濒临崩溃的边缘。在面对暴风雨袭击的路上，我们痛苦，我们疲惫，我们不知道自己能否坚持到最后，我们甚至怀疑自己的人生是多余的。然而真的是这样的吗？

最近热播的古装剧《楚乔传》的女主演赵丽颖，她出生在河北的一个农村，不是表演的科班出身，在娱乐圈中没有背景、没有人脉，早些年也没有粉丝。她像所有县城的孩子们一样，进入社会的时间很早，曾做过销售工作，对于世间冷暖和人生经历感受丰富。因为没有大红大紫，所以在参加节目时，虽然是主角，却连镜头都没有几个，还因为喝水这样的小事被骂得狗血淋头。也因为见识不高，在受邀参加芭莎慈善夜时，她从没在公众面前捐过款，对流程一无所知，向经纪人求助未果后，一脸的茫然无措，怯生生地站在一片繁华热闹里。最后，她在工作人员的帮助下上了台，站在舞台最边沿，默默捐出了 70 万，但就算是捐出了 70 万，她却依旧因为这件事被很多人讽刺为没见过大世面、上不了台面。

而在她通过晴儿、陆贞、花千骨、尹新月等角色开始变得大红大紫以后，有的人开始给她编造苦情励志故事，说她和普通演员一起蹲在地上吃盒饭。可她却立马站出来辟谣，拒绝大家给她编悲惨的故事、立苦情的人设。

人们津津乐道于底层成功者的吃苦耐劳，当事人却极少愿意去渲染凄风苦雨，无论真实的，还是虚构的。低到尘埃的开端与繁花盛放的后来，对比鲜明，通常暗示着步步惊心的血泪横流。只能拼汗水和泪水的人，很少会把苦难当作勋章。

她清楚地知道自己的短板在哪里，她是赵小刀，她会因为说错话得罪人，得不到更好的机会，她就说：“那我就少说话，我就用作品说话，大家不用在意我这个人，就看我的作品好了。”

时至今日，已经位列一线女星的赵丽颖，一年还是有360天在拍戏，剩下的5天在睡觉。始终是辛苦忙碌的，比不得刘诗诗的云淡风轻，也不能像徐静蕾一样，把拍戏看作一场玩票。从《新还珠格格》的一集5000元到如今的百万片酬，她实现了世俗意义里的逆袭。

七年的龙套生活，面对娱乐圈中的腥风血雨，她始终没有倒下。她始终坚持靠着自己的努力，去顿悟戏剧中的人生；她始终坚持用作品来证明自己，让自己能够获得自己的最佳主角。于她而言，未来的路，依旧漫长而艰辛，她依旧把自己当作是一个演员中的新人，对待工作战战兢兢、如履薄冰，又何尝不是对未来的风风雨雨的敬畏。

未来究竟会怎样？我们又将会面对怎样的人生？人生中的风风雨雨，若是我们都能够正视、都可以不害怕地前行，谁都能将自己的外围搭成一道防线，勇敢地向前走、往前冲。风在刮，雨在下，没有伞的孩子走会淋湿，跑也会淋湿，既然是都会淋湿，那就让自己能够淋得酣畅，并能够让自己在这场雨里看到自己的希望。

你曾寻寻觅觅的一个高度，是需要付出巨大努力的；你在追逐的人生之梦，是建立在历经风雨洗礼的过程后的。风雨后见彩虹，不退缩、不害怕，会更好！

| 24 |

你要笑着负重前行

我有一个美容师的朋友徐文丽，她是基于想要快速给家里赚到钱而踏入这个行业的。在她刚踏入这个行业的时候，就像所有的新入职的人一样，什么也不懂，就连简单的肌肤护理都是一知半解，然而时光就像是神奇的剪辑师，把生活中的好多画面都一点点地剪辑出来，给更多的人呈现出来的是一幅幅美好的图画。

以前的徐文丽是一个土里土气的丫头，穿着打扮呆板，不会护理，更别提会化妆，上学的时候对于自己的女性优势——丰乳翘臀都会感到特别的耻辱。年少的女生总是有这样那样的烦恼，她总是在每次睡觉前和我们说：“要是可以用板子把这臀部弄扁了就好了！”然而，现在她却是朋友圈里的时尚达人，她的每一次出现都给人一种眼前一亮的感觉。大家总会在她发过朋友圈后，就在同学群里热烈欢迎她的回归，并让她说说最近又有什么新鲜的事情。

人们常常有这样的一种心理：我们愿意看到别人的飞黄腾达，愿意认识更漂亮的人，愿意与能够给自己带来认知与生活上美好的人来往，仿佛这样，自己也能够有不一样的体验。而同样的，人们对于他人的生活总抱有一种八卦的态度，就好像如此就参与了他人的人生。可是人生的百态，哪里能够通过这样的方式就得以窥视？

徐文丽的生活的确没有她朋友圈里展现出来的那样光鲜亮丽，曾经有三四年的时光里，她的生活一度灰暗得完全没有色彩——三年前，她的父亲被检查出来了骨髓炎，准备化疗的那半年又被查出了肝硬化晚期，正准备举全家之力开始对父亲进行救治的时候，才上大学的弟弟又查出了肝硬化早期。

三年的时间里，整个家庭陷入了无尽的阴暗。为了筹集治病的医疗款，徐文丽不知道向多少亲朋好友说起过自己的故事。故事说多了，自己有时候也觉得自己像是祥林嫂，忽然之间也能够理解祥林嫂了，因为在被命运不停捉弄的过程中，谁又能一直感激生活的暴击呢？她多想不管任何事情，放弃生命、不在这人世间经受这样的蹉跎。她哭过好多次，每次去借钱、每次去医院都会哭，可是哭泣除了带给她精疲力竭以外，从未给予过她任何一点生活的改变。

“我不想你为了我这样难过，如果可以，按照你喜欢的方式去生活吧，以前的你多爱笑，我们不想成为你的负担。”在徐文丽再次因为筹款而哭泣的时候，弟弟对她说，“姐姐，你别怕，我们自己也会努力地赚些钱，努力地自己改善自己的。所以，姐姐，你别哭，笑一下，我们会好起来的！”

这个世界上，有多少坏人，就一定会有成倍的好人；有多少坏事，或许就会有多少成倍的好事。听着病重的弟弟对自己的安慰，想着在自己都要放弃的时候，还有好多陌生人在默默地帮助自己，徐文丽开始尝试着重新估量自己的人生方向，开始想要用一种不一样的方式来让自己获得前行的力量。

于是，她开始学习如何让自己更美，如何利用自己的知识来帮助其他爱美的女生。学习彩妆、养生，通过学习让自己从头到脚有所变化，同时增进自己的专业技能，达到知识变现的可能性。她从对美容养生的一无所知到资深的美容顾问，从月薪只能达到最低工资到后来的月薪两万，一路走来，带着伤痛带着笑。虽然生活中，她依旧要承担给父亲、弟弟治病的重任，但是阳光明媚，她笑容灿烂地对待生活给予的负担，负重前行并不容易，可是，哪怕不容易也不能不去做。

今年，她父亲的病情趋向稳定，弟弟的病情也得到了有效控制，他们一家人得到了社会的捐助。同时哪怕生病的父亲和弟弟，也开始用自己的方式去减轻亲人的负担。哪怕阴霾依旧未全部驱散，但却已经不再是漫无边际的黑暗了。

在与她聊天的过程中，我曾问过她：“怎么会忽然之间就明白了要笑着负重前行，怎么会忽然就开始不怕了呢？什么时候想通了不再哭泣的？”

她说：“其实好长一段时间，我都觉得自己算得上是被命运抛弃的女生，前面和你聊天，你总说让我笑着前行，我也常反驳你，负重前行我是可以做到，可是笑着负重前行，我觉得好困难。但是，你知道吗？三年前那样的困境，我哭过好多次，每一次都觉得很绝望，越哭就越绝望。我是长姐，我不负重没有人替我负重，我就算是哭泣也没有任何人给予我帮助。所以哪怕负重，也只有笑着前行。我忽然之间明白了，笑着是一种态度，哪怕外界的欺压声音再大，笑着去面对，我总能够看到希望。有希望，我就能够有动力去做，就可以努力一点做好。你看，现在，我漂亮多了，生活也不再是灰暗的了。”

我们常常会遇到生活的重击，或许被重击的人并不是我们本人，疾病、贫穷、歧视都可能成为我们前行路上的绊脚石。面对这些事情，我们常常需要一颗更为坚定的心，让我们能够负重前行，我们需要一个积极的心态去面对这些负担，哪怕有些负担对于我们而言并非那样简单，哪怕有些负担对于我们而言是那样的让人恐惧、那样让人不愿意去笑着面对，但是，除了笑着负重前行，我们别无他法。

既然已经选择了负重前行，那么我们为什么不选择一种让自己更加快乐的方式去前行呢？我们无法改变生活最终行径的轨迹，至少我们能够坚定自己心的方向。

很多人说爱笑的女孩，运气不会差，也有人说运气差的女孩，也笑不出来，可是越是运气不好、越是生活给予了你重压，你更要笑着去扛起生活的重压，努力前行，将那些阴霾都驱开，笑着负重前行，期待一路花开。

| 25 |

你要有价值才能值得别人为你提供价值

作为一个喜欢折腾的人，年轻时候的我做过许多尝试。因为看别人做微商实现了财富与时间的自由，我也曾跟着一个姐姐，在这里姑且叫她冯姐吧，开始做微商。这个过程注定是一个不同寻常的过程，尽管从小父母经商，但我从来没有经历过需要自己打磨客户的这个过程。

开始做微商，则是一个全新的过程，在这个过程中，我需要学习如何去开拓客户，如何谈单，如何开单，如何经营我的朋友圈、打造个人品牌，如何让别人相信你说的、相信你的产品是真的质量好。

我按照冯姐的指示开始每天与朋友们聊天，也开始在各种学习交流群中冒泡，希望能够引起别人的注意，并寄希望于别人能够看到我发的朋友圈、看到我的产品，能够来跟我聊一聊产品，并爽快地在我这里购买产品。可是，我做得并不怎么好，因为我疏于与别人聊产品，更因为自己年轻、没有更多的阅历，切入不了比我年纪大的人的话题中，我只能让我的同辈们看到我的效果、乐意在我这里购买产品，而其他的人却怎么也开发不了。

而与此同时，冯姐却轻松地开发几个我们共同的好友，那几个好友都是我曾经聊过的，她们一个是医药师、一个是大学老师，年纪都比我快大上一轮了，我跟她们聊着聊着就觉得没有话说了，更是怎样都无法开启新的话题。

我有些心灰意冷地对冯姐说："冯姐，我觉得自己可能做不了这个事业了，只能看着你们发财，看着你们通过这个事情实现财务自由，我或许就做不好这件事情。"

冯姐说"怎么就灰心了呢？你要懂得去开启话题，不要太清高，不会聊天、不能聊天，你不去聊，别人怎么懂你的价值？"

"冯姐，我看你和医药师、大学老师聊天，天南地北地聊，从职场说到家庭、从家庭说到孩子、再从孩子说到婚姻，然而，我没有那么多可以说的东西，我觉得自己无法给人提供足够的价值，别人怎么可能来和我聊产品呢？"

"就是，你看你自己都知道了根本原因——你不能给人提供价值，怎么期待别人给你提供价值呢？你得有价值才能够激发别人为你提供价值。"冯姐笑道，"我们常常习惯性地去索取价值，可是，很多时候，索取价值怎么可能空手套白狼？作为一个微商，要给客户提供怎样的情绪价值，又如何让你的客户愿意跟你沟通、愿意向你倾诉，然后通过沟通，你获取属于她的信息，以便能够在后面的回访中更快、更好地找到让她乐意在你的产品中停留的时间，这样的话，你们就能够交换价值。你要清楚，别刻意地去追求什么客户一定要向你咨询、一定要让客户一次购买你的产品的心理，你都没有给客户提供足够信任你的价值，怎么能够要求客户就跳入你的网中呢？"

不提供价值，如何拥有价值？你没有价值，如何让人愿意为你提供价值？我忽然理解到这句话的真正意思。就拿前面的医药师来说，在她与冯姐的聊天中，我看到了冯姐如何开导她去做自己喜欢做的事情：在医药师说近期工作上的事情感觉有些心力交瘁、不知道该怎么去提高工作效率的时候，冯姐给她出主意，先列出计划、然后掌握步骤、重要的事情先去做、更专注、别分心等；在她觉得自己的情感生活有些波折的时候，冯姐从恋爱心理学给她引导，让她可以在今后的恋爱中有更多、更好的方式交流，更能够懂得爱与被爱。在这一系列的过程中，医药师一点点地放下心中的防备，开始接纳冯姐这个大微商，开始愿意在她那儿购买产品、享受服务。

而我，在交流沟通的过程中却没有做到像她一样，只是干巴巴地聊天，一不小心又把天聊死了、一不小心又只顾着自己去聊，没有在意别人的想法，没有给别人说话的余地，自己在整个聊天的过程中完全没有为对方提供什么情绪价值，只是一个劲地想把自己展现给别人，却不知道别人需不需要这样的展示。

很多时候，我们都陷入了自我主义的浪潮中，我们经常会犯这样的错误——面对我们的恋人，我们常常会要求他们为我们做好些甚至是无理取闹的事情，若是他们没有做到，我们会恶狠狠地说："你连这个都没法为我做到，你肯定是不爱我！"面对我们的朋友，哪怕我们只是求助他们帮忙，我们也常常会抱有很大的期望，若是他们没有给予足够的帮助，我们常常会有这样的想法："连一个忙都不愿意帮，算什么朋友。"可是，我们总是忘了去审视自己——你究竟给别人创造了多少价值？你是否值得别人给你匹配相应的价值？

在这个功利主义的社会里，太多人都忙着去赶路，忙着去让自己能够更好、更快地到达远方，太多人都希望自己能够获得他人的帮助、能够得到牛人的指点迷津、能够让人为自己提供价值。可是，若是一个连自己的价值都不知道、也不明白如何给他人提供价值，一意孤行地想要他人给予自己价值，那么他人又为什么会给你提供价值呢？

牛顿说他是站在巨人的肩膀上才获得了现在的成就，可是若是牛顿自己没有一点能力，就算是巨人给几个肩膀，他能否获得现在的成就还不得而知。一个人若是自己没有价值，只希望像吸血鬼一样吸附他人的价值，那么也该是容易被人唾弃的吧！

无论我们走怎样的路、从事怎样的职业，我们都要努力做到让自己的价值大于别人能够提供的，或者至少是在别人看来我们能够带给他人更多的价值。我们常常期待别人为我们提供价值，期待能够获得别人的好评、指导以及支持，因此我们必须让人看到自己的价值、能力，让人能够通过各个方面的事实得到结论——你的价值高于他人，给你提供价值能够获得更多的投入与产出值，那你就是值得被好好对待、值得被投资、值得让他人给予更好的人。

| 26 |

生命是一场轮回，愿我们来去都能坦然面对

恋爱有时候会打击你、重创你，可有时候也能让你发自内心地感到甜蜜。人来了又走了，是一种痛苦，可若是一生不经历这样的一次来去，我们又如何去面对生活中各种各样的生离死别？连恋爱的痛苦也受不住，又怎么可能经受得住更让人恐惧的失去与离开？

一年前，玲对我说："男朋友和我在闹分手，他觉得我不够配他，我们异地太长时间了，甚至都忘了彼此该怎么去照料彼此。可是我不想分手，分手于我而言是一件特别痛苦的事情，我忍受不了我们明明在一起好多年，却最后不能在一起。"

基于玲是那种就算我给她提意见，她也不会听意见的人，我只跟她说："你按照你心中的想法去做你该做的事情，后果自己承担就好。"

于是，过了没多久，玲和她的男朋友又在一起了，可是却带来了新的问题——男朋友对她不冷不热，不愿意接她电话，不在意她的感受。"我感觉自

己的恋爱就像是每天都在失恋一样，我觉得哪怕他这一刻在我这里，下一秒却不知道飞到了哪里。”玲常常对我说这样的担心。

玲不愿意接受自己已经失去了这个男朋友的现实，时不时地去找找他，两人又说要做普通朋友，可是一个人心怀重新在一起的心思，另一个人若即若离，两人的相处像是一场拉锯战，彼此之间互相伤害，痛苦不已的只有那个更在意的人。于是三个月前，玲真的彻底分手了，她在酒吧里喝得烂醉，我和另一个好友将她扛回家，她哭得稀里哗啦的，就好像要把这辈子的委屈都哭出来。第二天醒酒以后，她说的第一句话是：“其实我忽然能够理解为什么人要失一次恋了，体验一次人来了又走的感觉，就好像体验了一场人生。可是，我的人生为什么这样溃不成军！”

人来了，又走了，哪怕溃不成军，那也是我们生命的轮回，虽不能像诗人那样“轻轻地来，轻轻地走，不带走一片云彩”，但是好歹也曾静静地看潮起潮落、听春暖花开，好歹也曾经拥有过。

在玲哭得歇斯底里的时候，我们不评价、不诋毁，是我们能够做到的基本涵养。我们对玲说：“忘了来了又走了的人，才能遇到陪你走到最后的人。人的来去，我们谁也不能控制，坦然接受、坦然面对吧！哪怕不接受别人会离开，也要接受我们总是该往前走的这个道理。来去自由，对任何人都是一样的！”

我们这一生，会经历许多生离死别。看过太多的人因为无法承受生命的消逝而哭泣、消瘦、悲恸，我总会想：如果人这一生像长命不死的吸血鬼一样，此生此世，不老不死、不伤不痛、不悲不喜，那会是怎样的一个体验呢？

我想象不出来那样的一个画面。记得小时候看过的一部动漫《吸血鬼骑士》，里面有个美艳的贵族吸血鬼，生命在他的手中消逝、经过了数千年，他没有多少情绪，似乎不在意任何事情，只身一人，颇有一种无所谓的落寞在里面。而我，不愿意选择那样的生活。生命既然是一场轮回，我们应该来去都能坦然面对。

在奶奶离世前，根本没有什么征兆，至少对于当时忙于高中学业的我而言，根本就没有在意奶奶会在那一年去世。奶奶一向坚强，拉扯着6个孩子长大成人，并小有成就。小时候，奶奶总会吓唬我们："哪天奶奶死了，去找你们的爷爷去，就不陪你们一起玩了。"而我们总不愿意相信，我们坚强的奶奶会在某一天真的死去，死亡这个词似乎离我们太过遥远。我们总会觉得死亡这种事或许就是少了一个玩伴，可是长大的我们或许忘了年幼的我们多么渴望玩伴，若是没有玩伴，谁来陪我们走过那漫长的闲暇时光？

奶奶安详离世时，我和妹妹因为考试，未能参加她的葬礼，回家的时候，姐姐毫无介怀地告诉我："奶奶去世了，昨天已经安葬了。"我竟特别平静地接受了这个结果，我顾左右而言他，坚决不再向姐姐问及奶奶的葬礼到底是怎么一回事，我心里特别清楚，就亲人是否离开这个世界上这件事情，父母亲人绝对不会欺骗你。而面对亲人的离去，除了选择接受，别无选择。晚上洗漱完毕，我躺在床上，眼泪就不受控制地流了下来，虽然在外能够保持一种看似接受了这个事实，可是自己内心还是不能接受这个事实。

第二天，我的父亲已经在家里，他看到我，手抚上我的头，说道："你奶奶去世了，我以为自己照顾了一个多月，会比较容易接受这个事实，但是却发现自己的心里空落落的，总感觉缺了什么。昨晚看到你在房间里哭，我总算明白了，原来自己已经没了妈妈，可是因为又已经有了自己的家人，所以能够坦然地接受这个结果。”

面对生命的轮回，我们确实无法做到平和地接受，会有一个过渡期，在这个过程中，我们会哭泣、会吵闹、会崩溃、会不解，但是最终，我们必须选择坦然地面对，面对这个生命的消逝中我们必须处理的事情，面对这个生命消逝后我们即将处于的角色，面对这个生命轮回中，我们该尽的义务和要承担的责任。

我们来到这个世界上，并不是为了要永生永世地存在，而是来体验一个过程。这世界上的人来来往往，我们会经历不同的成长蜕变，我们终将变得像个成熟的大人一样，坦然地开启新的生活。如果不能坦然地面对生与死，那又如何找到新方向、迈入新轨迹？

人生的这个轮回中，无论我们经历怎样的成长，不管是恋爱分手还是失去亲人，对于我们而言，需要做到的是能够在其中锤炼自己勇敢前行、接受现实的决心，能够坦然接受生活给予的考验，不害怕那些逝去的，不恐惧那些失去的，做好自己该做的。

得之我幸，失之我命。

| 27 |

米虫做久了，你的路难道不该窄吗

不久前，沙沙做了一场线上分享，对着她团队里的所有人分享她这一路走来的艰辛、曾经以为的委屈以及此刻感到的荣耀。我听了她的阐述之后，归纳总结，发现成功的路上太多的人都受着委屈，太多的人都一路哭泣，却又咬牙一路坚持。

沙沙是一个地地道道的富二代，父亲在温州经营着一家公司，从很小的时候开始，沙沙就被父母当作公主一样在培养，钢琴、绘画、舞蹈都请了家庭教师来教导，沙沙也像一个被命运宠坏的公主，任性地享受并挥霍着父母对她的宠爱，也任性地开始自己想走就走的旅程。

沙沙是个智商很高的女生，她轻轻松松地考上了上海的重点大学。在大学里，她热烈地谈着自己人生的一场恋爱，想去教室里上课时就去，不想去的时候，就窝在宿舍里看电视剧、看小说，或者是来一场说走就走的旅行。家中的经济支持一直未断，她拿着父亲给的每月一万元的生活费能够活出翻倍的人生体验。

沙沙完全就是一个极致享乐主义者。毕业后，一个月3000来元钱的工资，她却一个人租住在精致的套房中，房租加基本的饮食就要5000多元，还不加上她每个月要做的美肤、护理，要买的衣服、包包。她甚至都能今天下午丢了一个LV包包，晚上就能够坐上飞机飞到之前买LV包包的地方再买一个一样的。

对待爱情，沙沙也是一个特别纯粹的姑娘，男朋友说要去北京发展，她不顾父母的反对，对父母放下狠话："别管我，我以后肯定要比现在过得好。"她拿着父亲给自己的五万元钱就踏上了北上之旅，尽管所有人都认为北上之旅一定是一个苦哈哈的过程，因为竞争激烈，因为人们总想要在这个繁华的北京获得认可、获得安身立命的能力。可是对于沙沙来说，她不需要，在她的内心中自己只需要认真地做一个藤萝，依附在别人那儿，并靠着自己每月赚点小零花钱就能够很舒服地过好自己的日子。

然而，一味地做米虫，并没有让她获得好日子。三年时光一下就过去了，男朋友对她在北京的表现很失望，加上雄性竞争那样激烈，两人之间的矛盾一天天地多了起来。沙沙赶不上男朋友的成长，两人最终分崩离析。虽然伤心难过、撕心裂肺地哭过好多天，求过好久让男朋友回头，却未能得到回头的期许，但是沙沙并未将这个感情上的问题认为是自己的不对，她始终觉得自己并没有错，错的是来到北京这个决定。

正当她想要离开北京的时候，父亲给她打来了电话，说公司出了点状况，需要200万元作为周转资金，可能全天下的父母都对自己的孩子有莫名其妙的自信，而对于一直经手大量资金的沙沙父亲来说，女儿远赴北京打拼，拿出200万是轻而易举的事情，然而当时的沙沙浑身上下只有3万元。

就在此时此刻，沙沙才觉得自己的人生真的是过错了，她似乎是开心地选择了自己想要的生活，然而自己连帮助父亲的公司渡过难关也做不到，别说帮忙，就是不去拖后腿也做不到。

沙沙被父亲拉到公司来，开始为公司的运营做策划，可是她的能力不足、经历不够，公司的很多人并不认可她的方案。她跑业务，却因为业务不熟经常被人呵斥，而她也恰好是暴脾气，更不会好好说话，更别谈什么拿下业务。在这段日子里，她感到那样无助，却只能面对公司员工的不信任和父亲越发失望的表情。

沙沙这才忽然发现原来自己认为的那些事情是那样的不值一提，原来当米虫的那段日子，她把自己作为奋斗人的基本素养丢弃了，她失去了自己安身立命的力量，她开始为曾经丢弃过的每一个该学习、该努力的日子吞针，针哪怕扎得有些痛，可是她却开始充实自己的人生。

从此以后，她多少次翻阅书籍到凌晨3点，又在早上6点快马加鞭地做着自己的方案，她开始努力争取自己该做的事情，争分夺秒，一刻都不停缓。为了谈客户，她甚至抱着手机、笔记本电脑谈到就这样睡着。她的努力渐渐被看到，她的能力渐渐被认可，她总算能够笑了。

在开始独挡一面、带团队的时候，她连续给自己发了好几条朋友圈：“25岁之前，最爱干的事是每晚睡前的幻想，幻想白马王子，幻想美好生活，细枝末节到每一次约会时的衣着打扮、情绪表情、生活场景对话和房子里的沙发颜色……而这几年每晚睡前回顾变成一天的工作总结，检讨反省待完善的事。爱幻想大概是姑娘们青春的标配，然而，想要过得好，却需要戒掉不必要的幻想。世间不会有又帅又多金还痴情专一爱你的王子，也不会有不劳而获、天上掉馅饼的美差事。就像我们很多伙伴，在刚刚经历‘播种期’就总想着为什么没有硕果累累。拿出执行力、拿出真本事，这个靠自己双手奋斗的过程，其实比幻想更美且踏实。”

“二十五岁以前，仗着家世和还不错的脸，不知不觉就能送自己到宇宙的最中心，只有黑白对错，觉得自己活得挺通透。彼时，活得很窄。这几年，发现原来这个世界不是非黑即白，还有很多灰色地带。每一个人看待事物的角度不同，处理问题的方式不同。从前认为不可能的事，不过是自己还没有到达那个高度；从前不太理解的事，也不过是自己还没有到达某个宽度。谦卑才能让你所见更多，包容才能让你获得更多。此时，活得更宽。”

看到这样的朋友圈，我忽然更加钦佩这个姑娘了，她靠着自己的能力赚到了自己的一桶又一桶的金，让自己见证了自己的可塑性。是的，年轻的女孩总是爱幻想，想要当米虫，还想要看到更宽广的世界，这世界上哪有那样的好事情，让你又得了便宜还能卖乖？如果不能拼搏人生之路，又如何见识更有趣的人？

| 28 |

愿你无所畏惧，也不再迷茫

在开启西行的道路之前，我接到了连番的电话轰炸，就连许久不给我电话的姐姐也打来电话，对我一个劲儿地说："不要天真了，你以为选择到新疆去工作是开玩笑的吗？你以为大学毕业后的工作不算是职业吗？你到底懂不懂职业是什么意思？职业是你要做一辈子的事业！是你将来如果要改变，需要付出很大的力量和很多的心思才能改得了的事情！"

姐姐的话很有道理，大学毕业以后，就不再是学生，不再是待在象牙塔里的懵懂少年，不再是只要吃饭、睡觉、看书、打僵尸的游戏青年，更不是不需要面对现实的一切的孩子了，是必须要为自己的人生负责的成年人，也是必须要对自己的选择负责的理智人。

我对姐姐说："姐姐，我迷茫了好长时间，害怕踏出社会，害怕走向社会，我面对选择有恐惧症，新疆之行，你就当作是我年轻的一个冲动，希望它能够让我无所畏惧地走下去，希望这段旅程能够让我在今后做决定的时候，不再感到迷茫。”

于是，带着父母姐妹们的不理解，我踏上了西行之旅，一路走来跌跌撞撞，见识了传说中的天山山脉，也见到了课本中的那不老不死的胡杨，更见到了电视里的维吾尔族人民；从磕磕绊绊的什么都不懂的湘妹子，到渐渐能够说出一口虽然还不是很地道，但也能让人听得明白的维语。

新的尝试总有新的期待，新的生活总带着新的挑战，我经常问自己：“如果你不曾选择这条路，那么此刻你会在哪里呢？还是那个胆小怕事、畏畏缩缩的女孩吗？还是那个不敢问路在何方、不敢想路在何处的姑娘吗？”

那时候的我并没有得到答案，因为经过几年的历练，我已经变成了全新的自己，不再为了模糊不清的前方而发愁，更不会害怕前路的艰辛而恐惧生活的烦恼。曾经的战战兢兢，都变成了此刻的披荆斩棘；曾经的畏畏缩缩，都变成了此刻的勇往直前；曾经的迷茫恐惧，都变成了此刻的坚定。因此，才敢哪怕一无所有，也继续上路。

我的一个学妹最近在准备教师考试，她问我：“学姐，我们的专业和政治相关性大不大呀？我要考初中的政治老师，我害怕报名报不上去！”

我问：“你的教师从业资格证是政治吗？”她回答我是的，然后又巴拉巴拉地说了很多关于她对于考试的一些恐惧，她说：“我觉得进入面试好难的，我觉得好像又进了一个死胡同，我不知道自己该往哪个方面去努力，更不知道这样稳定地累着到底值不值得。你不知道，我看书也心慌，不看书也心累，我都不知道自己该如何正确地对待这一场又一场的考试了！”

我问她：“为什么在努力做事情，也一直觉得不踏实呢？”

她告诉我："其实我前面也有努力地做一些事情，但是结果并不好，我就觉得类似这样的事情都很难做好，我也不知道我是不是不适合做这件事情，我很迷茫，总觉得自己好像什么事情都做不好。如果不能做好的话，如果不能得到让我满意的答案的话，我做这些事情的意义在哪里呢？"

我忽然明白了学妹现在的问题所在，她在抉择面前感到踌躇，对未来充满着畏惧，不知道自己该往哪个方向去行动，不清楚自己这样走下去是不是对的，对于自己所做的决定和所选择的生活那样的不坚定。

我们生活中是否有许多人也是这样的呢？面对不确定的未来，因为自己的畏惧和迷茫不知道该如何去决定自己前进的方向，进而否定自己前行的路。生活中有太多事情并不是那么容易，如果一开始就能看到结果，那么将会失去多少探索的乐趣呢？

我们在做很多事情的时候，或许已经尝到了各种失败，选择去做一些事情时，我们就像是站在人生的十字路口，很迷茫地张望，到底哪一条路是我们该选择的路，而这条路上我们到底会遇到怎样的挫折，是否会觉得太困难、坚持不下去呢？

很多时候，你明明知道许多你害怕的事情不会发生，甚至哪怕发生也未必就是坏的结果，可是你却没法控制自己从心底去接纳自己用一种更好的心态去面对这一切。就像我的学妹一样，她明明努力地去做迎接考试的准备，可是她却从来都不曾真正地调整好自己的心情，她对自己的感觉是害怕这些事情、不知道做得对不对、不清楚自己能不能做好。

你要知道，很多事情，越是质疑、自我否定，就越容易出错，越让我们变得不自信，越叫我们感到困惑与迷茫。

我对学妹说："你现在先要做的事情是不去害怕，不要害怕你即将遇到的困难，不要害怕政策会做出怎样的改变，更不要质疑你的人生选择是否正确，因为此刻你已经在这条路上了。这也就是说，你告诉自己要去迎接此刻的挑战，内心驱使你去做这样的一个选择，它就有存在的价值，这份价值并不是那样容易获得的，所以你需要用一颗更明白的心去面对，也需要用更自信的心态去看待，唯有如此才能更好地面对生活。"

在最后一次联系学妹时，她已经通过了考试，并进入了体检环节。她对我说："学姐，人还是要无所畏惧地往前走，这样的话，才能够真的做出最好的决定。对于事情总是畏缩的话，是不会有什么好的结果，所以很感谢学姐对我的点拨。"

我常会有这样的感叹：不畏惧的远方，就在前方；不迷茫的前路，就在眼前。

姑娘们，愿你不再畏惧，也不再感到迷茫，因为前路漫长，要做的事情太多了，畏畏缩缩地走不了多长的路；愿你不再畏惧，也不再感到迷茫，因为所有的选择都是一段艰辛的过程，带着一颗迷茫的心，如何能够去开拓一个更丰满的世界？愿你不再畏惧，也不再感到迷茫，带着你自信的微笑与自信的神态，去探索、追求，让你的人生变得更加美好，让你真正地获得成长上的满足！

| 29 |

我们的人生就是一场渐行渐远的告别

三年前，我告别父母，踏上了西行之路。在出发前夕，父母显得比我这个要远行的人更为焦躁，他们从知晓我要西行之时，就开始通过各种渠道、途径寻找能够探知到有关我这一路西行将要遇到的事情和遭受的苦难。

在要出发的前两天，一个来我们店里的留疆战士与母亲闲聊了几句：“新疆可真的不是一般人能够承受住的地方，女孩子要去那么远的地方实在是有些无法想象，男生都觉得在那边是吃苦，怎么你家女孩还要去那边呢？”

母亲听完他的话，边给他茶叶，边斜眼抬眉对我说：“真的要去新疆？别人都说了好苦的，你要去吃苦吗？还跑到那么远的地方去吃苦，我也是佩服你。”

我拉着妈妈的手，撒娇：“我这不是年轻嘛，年轻吃一点儿苦有什么，反正年轻就是要远行的，怕什么！”

“你是不怕，孩子总是想着快快地离开父母，走到我们看不到的地方去，你爸爸翻来覆去好几个晚上都没有睡着了。我是清楚总有一天我们要和自己的孩子告别，从你上高中开始，我们就看你一步步地走远，可是渐行渐远就会渐无音信。你又是一个这样不善联系的女儿，总觉得你走到新疆以后，就是在一步步地与我们告别。”妈妈说着就开始落泪。

我听出了母亲语气中的不舍，母亲落泪，目的就是告诉我什么是“父母在，不远游”，而我却用行动践行着“孩子就是专门来和父母进行一场渐行渐远的告别”这句话的真谛。我怎么敢与母亲说我从小的愿望就是在满世界地飞，不管父母到底想让我去做什么事，是否想把我绑在身边做他们贴身小棉袄。但是，人生来就是要远行的，人生原本就是一场渐行渐远的告别，在这场告别中，我们能做的只能是哪怕含着泪，也继续前行。在能够在一起的日子里，哪怕觉得有些烦人的唠叨也感念于心，珍惜在一起的时光。

一年前，我离开了男友，重返单身生活。我们曾经非常要好，我在闹，他在笑，我们以为彼此是对方一生的伴侣，却不想生活偏离了轨道，我们忽然离开了自己这颗行星既定的位置，争执、吵闹、猜忌、伤心。在离开的前一刻，我用自己全身的力量，忍住自己所有的悲伤，用自己以为最为残酷的语气对他说：“是我不要你的，是我要走的，你给我记住了，记住今天你说的话，记住我们谁也不欠谁的，我们都要离开这个地方，我们从此告别，各自安好，永不祝福！”

当时的男友想要拽住我的手，可是我却狠狠地甩开了他企图拥抱的手。既然你要离开，那么我放你走，爱是一种态度，可它却是自由的，谁没有经历过这样一场渐行渐远的离去？分手不是我们恋爱必修的功课，更不是我们必然的选择，可是两人若是开始变得若即若离、渐行渐远，那么离告别还能有多远呢？

我们长大了，就是这样一点点地离开曾经熟悉的地方，离开自己熟悉甚至是依恋的人，我们害怕孤身一人，也害怕哪怕是两人在一起却变得心力交瘁。若说人生中的一些告别是主动的，那么分手这样的告别却往往是被动的。因为害怕渐行渐远却不告别，对于彼此而言是一种多大的伤害，所以这一场人生的告别似乎是每一个在恋爱中行走的人必须要品味到的一场告别。

一个月前，我离开了生活三年的康其，转而南下，寻找自己身心的归处。在离开康其前夕，我去了拜城的好些地方，那是我生活了三年却从未踏足的地方，我一步步地走，每到一个地方，我拍下认为美丽的照片，想着或许将来的某一天，我重返这里，再看到这些风景的时候，它们又被赋予了新的意义。那么，如果它们此刻能够保留在我的印记中，我是否会减少因为告别而带来的伤感呢？

离别的前夕，我例行做了最后一次大队督查。坐在巡逻车里，看着两排高挺的白杨树从眼前一点点地延展，熟悉又陌生。我的领导说要为我饯行，我们办公室的小伙伴们一起去了一个庄园，大家依旧像平常一样，在庄园里摘樱桃，看笼子里的孔雀，又一起摆弄国际象棋，迎着月光荡着秋千。

在开席之时，领导说："虽然很不舍得你离开，你离开我们这里，我就少了一个左膀右臂。可是你要去追求你想要的生活，愿你一路行走，活出你想要的样子。如不然，这里始终欢迎你的归来。将来，我们或许没有机会再次碰面，或许不会再有下次的重逢，四千多公里的路程，我们不知道会不会在这场告别中就渐行渐远。此时，只是希望不负光阴，不负相遇！”

我的朋友则对我说：“无论你选择了怎样的路，记住不忘初心，不畏前行。我们曾经一起走过的岁月、一起相守的时光，总会铭记于心。害怕今天告别以后，将来咱们就渐行渐远了，但是人生就是这样的一场渐行渐远的告别，愿你今后有诗、有远方！”

我忍住了大声哭泣的意图，也忍住了在那个时刻渲染离别悲伤的情绪，因为我清楚地知道自己不会因为任何人再影响自己所做的决定，自己做出来的决定就一定是自己考虑后的最佳决定。因为是自己考虑好的，所以不会迷路，不会觉得后悔。

然而，每一次的告别总是一场无声的战役。前行的路是那样的漫长，又显得那样的艰辛，我们每一个人都在努力。每一次相遇都会经历一次告别，每一场告别又像是为下一次相逢打基础，每一个基础都建立在能够让自己前行的路上。

在你人生的告别中，那些看似平淡的言语、那些似乎豪放的举止、那些隐含期待的眼神都在一点点地暗示着生活的方向和人生的归处。没有人能够抗拒远行的心，没有人能够在成长的路上不遇到新的人、见识新的事物，忘掉曾经的故事、曾经的人，哪怕再刻骨铭心，终有一天渐行渐远、无声地告别。

| 30 |

说说而已，就真的是而已

我曾在一个学习交流群里潜伏了好长时间，当时入群交了 999 块钱群费，群的组织者说：“我们这个群的目标是让我们和陌生人建立链接，并能够更好地发展自己，真的从一点点做起，改变自己，过得更好！”当时入群时写给群主的入群宣言是：改变自己，做得更好，行动起来！

付费加入这样的一个社群，于我而言是迈入新世界的一个起点，能够不吝啬这近 1000 元钱的人，基本上都是抱着各种各样的态度想要潜心改变自己，且有一定的经济基础的人。是的，如所有人所料，群里的人形形色色、各种各样的都有，每个人都有自己独特的一面，有的是翻译家，有的是数据大师，有的是公司 CEO，有的是营养师，有的是月入十万以上的自主创业者……他们讨论问题的高度和看待事情的角度都非常独特和犀利，让人有种不知不觉中就被洗脑、想要学习的冲动。

好多类似我这样的微信社交群的小白总会在群里说：“哇，你们太厉害了，简直是高人，要向你们学习！”说的人很多，可是实际上做到的却不多，我们为什么被赋予一张嘴，却有一双手？原因无他，只是希望我们可以更好地动手，而非动嘴。

学习呢，是一个长久的过程，至于学没学、学了多少，只有当事人自己知道。像我，就没有学什么，我知道自己的弱项是什么，excel和ppt做得不好，于是我加了一个牛人李则见，他是专职这些内容的高级讲师，公众号有上万人关注，他每天都在做分享，每天的公众平台中都有他的课程。我对他说："李老师，我会好好地学习的，希望两个月后，我就可以很熟练地运用这些东西了，能够当您的学生，对得起咱们的'链接'。"

两个月很快就过去了，我前期很认真地学了两天，可是，两天后，我就不那么认真了。稍微看了看他发布的内容，感觉太复杂，心里便有一个声音对我说："这个有点难，下次再学吧！今天去做其他的事情吧！"

于是，一天一天，等到李则见老师来找我复盘时，我只能很尴尬地对他说："老师，我还没有学到家，做不出你布置的作业……"

李老师很吃惊地看了一眼我，说道："不应该啊，你不是每天都把我的文转到你的朋友圈吗？你不是每天都写一点概要吗？难道都没有仔细看内容去运用吗？"

他的问话让我很惭愧，我虽然每天都在转发，可是我只把自己当成搬运工，造成了一个自己很认真学习的假象，实际上却是什么也没有学到，更没有认真地进行知识的复盘与运用。

李老师对我说："这样不行，不能只是说说而已，不然就真的成为而已了，要去行动，要去运用，不能就这样放任自己，不去学习，永远都没法真的学到东西呢！”

我惭愧了挺长时间，因为想要给自己一个借口，所以会不自觉地想着，是不是其实大家都是一些只会说不会做的人，说不定自己不过是做了所有普通人都会做的一些事情。可是时间告诉我，并不是，很多人他们说过的话会变成钉子，钉进脑子里，刻入行动中。

群里有一个宝妈，开始真的是什么都不懂，你透过屏幕看她的聊天都能感到她提问时的那种忐忑。看她的第一次写作，你能找出十来处逻辑不通、语句不齐的毛病。我点开她第一次的文章，感到她是那样稚嫩，似乎很努力地想要迎合，却没有得到正解。很多人出于鼓励她的心态给她的文章点赞，同时对她说：“还是要多输入，结合输入再进行输出，这样写出来的东西会更好点。”

她很认真地听着大家的建议，也很认真地回复：“好的，我会像你们说的那样去努力的！”每天晚上，我去爬楼看当天的成果时，我总在想，她不会是把自己的时间全部放在了这里吧！因为几乎每一次聊天中、每一个时间段都能看到她的身影。

我对在一个社交群中花费那么多时间的人有点不太认同，因为大部分人或许都容易在社交中隐藏自己的属性，表现得积极向上，但实际上并没有那样美好的品行。

再次听说她是在一次分享交流会，她竟然获得了征文大赛的一等奖，直接领取了近 6000 元的奖金。这对于我来说特别震惊，我不知道如何形容那种感觉，就好像前几天你看到的还是一个蹒跚学步的孩子，忽然有一天有人告诉你他现在成了飞行员那般令人震惊！

我认真地看了她一天天写出来的东西，从刚开始没有一点自己的话，也没有章法，更没有自己的风格，到后来能够拿到每日最佳，能够将文章写得风趣幽默又有自己的风格，并能够让读者透过她的文章看到她对生活和人性的反思、成长的启发，引人共鸣、让人回味。

我私聊她，问："你怎么会进步那么快呢？怎么做的？"

她说："其实也没有刻意怎么去做，就是大家教我的方法，我一点点地用起来，然后慢慢地去行动。就像你看到的，我第一次写的东西大家都善意地进行了鼓励，可是我也知道自己写得真的很差，这种差是从心底感受到的不对劲，我说要努力的，那么我就要做到，不然，加入这里对我有什么好处？我又能获得什么？不想成为泛泛之辈，不想总是这样过下去，所以行动起来，让自己说过的话变为现实，这样让我更有底气，让我可以更好地面对生活的点点滴滴。我不想说说而已，因为以前的人生中有太多那样的经历，得不到任何的改变和成长，我要变得自己很喜欢自己才行！"

我忽然很佩服这个宝妈，她清楚地知道自己的不足，清楚地明白自己说过的话不做到就会变成空话。于是她认真地成了她自己想要成为的人，认真地行动起来、做喜欢的事情，认真地为自己的改变而努力！

我们生活中有太多的人明明知道自己哪些地方不足，却不知道在说过以后去行动，每次说过的话都变成了过去的话，习惯性地认为自己好像是局外人，好像可以不用对自己说过的话负责、不用对自己的人生负责。我们需要让自己成长为一个能够将话语转变为行动的人，我们需要将说话的能力外化为我们的一种行为能力。因为这样的话，才可以将一切变得更美好，美好的一切能带来更为美好的体验，这种体验能让我们拥有更开阔的视野去生活！

| 31 |

别胡说什么岁月静好，你不过是不愿努力

前不久，朋友圈里忽然出现了一种莫名其妙的向往田园生活、喜欢岁月静好的浪潮，我的一干圈中好友们都忙不迭地开始在这股浪潮中表明自己的态度——我就是那个喜欢岁月静好的人啊，我不想走出自己这个安逸的圈子，不过是因为这就是我想要的生活呀！你去你的北上广，去在那里洒热血，我在我的世界里品茶、喝酒，乐得逍遥自在。

我觉得奇怪了：什么时候不思进取也成了一种岁月静好？什么时候只知道窝在自己的圈子里，不去为目前麻木的自己寻找新的出路和新的生活，也成了一种因为追求岁月静好的理念了？

于是，我在自己的朋友圈发表了一句话：别动不动就期待岁月静好？可别胡说什么岁月静好了，你不过是不愿努力罢了！

好多朋友留言，其中一个创业的丸子说道："这个世界上本来就没有躺着来的岁月静好，凡是不努力来的岁月静好不过是水中月、镜中花而已，

大家惯会自欺欺人，不努力哪有什么狗屁岁月静好！”

虽然丸子的话挺糙，可是理不糙啊，我对她的观点很是赞同，于是很快切入了私聊。通过私聊，我明白了丸子姐姐为什么会有那样的话语，也明白了她为什么会不顾一切地跑到北京，哪怕辛苦，也要来这里闯荡一圈。

丸子原本是在武汉生活的一个英语老师，毕业后，她教了六年的英语，赚钱不多，可是足够养活自己。生活节奏不慢，但也不至于打碎了自己的生活步调。日子像是温水煮青蛙一样，把她曾经的斗志和状态都给磨灭了。她想：就这样吧，在这个二线城市里，不会饿死，也不会有太多的烦心事情，岁月静好呀！

可是，这样岁月静好的生活，是容不得一丝意外的，一点点意外就能打碎太多的幻想。丸子在一次宣传会中认识了她的丈夫，两人干柴烈火，进入了结婚生子的快速发展环节。丸子的丈夫在北京生活，他很希望丸子也一起过去，虽然北京暂时没有房子，但是夫妻二人一起奋斗总是能够有所期盼的。

于是丸子拖着生完孩子后臃肿的身材去了北京，却发现自己根本没有核心竞争力，再加上她本身性格并不好，脾气很大，时不时跟丈夫吵架，一气之下，她又回到了武汉。而她的丈夫竟然也未曾挽留她，更不曾对她说过快点来北京的话语，甚至她在几次去北京的时候发现了一些莫名其妙的蛛丝马迹。

她看着镜子中的自己，觉得天昏地暗。她想到了各种可能性，发现自己曾经追求的岁月静好不过是因为习惯了安逸而给自己下的一个套。认识丈夫的时候，丈夫说会给她一个幸福、美满的家，她只要享受岁月、好好地带孩子就行，可是最终她的无能却成了丈夫攻击她的一个理由。

她忽然发现，原来岁月静好是在做出了很多的努力、取得了许多的成就之后的一种心中的平静与美好的体验，而不是什么都没有做、什么都还没有取得，就期待躺在舒坦的卧室里盖着被子睡大觉。原来没有谁能够给你所谓的岁月静好，只有你自己能够给予自己未来的岁月静好。若是自己没有足够的能力，也就不会享受到什么岁月静好，此刻的努力是未来岁月静好的一个基础。

她醒悟过来了，不再得过且过地安排自己的生活，也不再为了自己这个鸡肋般的生活而沉迷。她健身减肥，并开始找准商机创业，义无反顾地踏上了去北京与丈夫一起奋斗的生活。她的选择没有错，她的创业也做得很好，一年时间，她和丈夫在北京拥有了一套房，她保持着一种职场女强人的气场，带着自己的团队，自信地开始了下一段征程。

她说："我在创业的过程中遇到过许多高喊要追求岁月静好的人，可是，岁月静好到底是什么他们都没有弄明白，不去努力创造哪有什么岁月静好？人穷就该去努力，别人看到了北京的高房价、雾霾和快节奏，而我看到的是北京的商机、文化、政治氛围。它是一线城市啊，我的孩子在这里能够成长得更好、更快，我为什么要让自己去追求什么穷山僻野的岁月静好？"

"不要自欺欺人地说钱少有钱少的活法，所有人最终都要平淡地生活，古时候的那些说要享受田园生活的人，不过是因为他们没有其他可以选择的机会，他们大都被贬或被罚到穷山僻野，他们没有施展才华与抱负的机会，因而他们只能说自己享受这样的田园生活。可是，我们不说那些久远的古人，就看看这一年年的选秀节目，哪怕是做民谣音乐的歌手，也期待能够火起来，希望被认可。如果窝在自己的角落里，等待岁月静好，那么静好的是他人的岁月，而虚度的却是自己的时光。不努力，怎么可能会有所谓的岁月静好，不过是骗小孩子的把戏罢了。”

每个人都有自己的生活方式，都有自己想要的生活，谁都希望自己能够在生活的过程中享受快乐，能够通过自己的努力，拥有站在自己想站的位置上的资格。不努力去实践，怎么能让自己拥有更好的机会？又怎么能真正地享受岁月静好？

不要以为自己在电视剧中看到的那种天真烂漫、不谙世事、不能生产的人能够更轻易地获得岁月静好。像藤草一样靠着别人给予的生活，怎么可能谈得上岁月静好？一旦不再被给予，那就是毁灭性的打击。那些骗人的电视剧和小说中的“你负责美，我负责养你”是太过水中月、镜中花的幻想，没有谁不努力就能享受岁月静好。

不愿意努力的人生，是不可能存在真正的岁月静好的。不信，你真的可以试一试。

| 32 |

好女孩，不将就、不慌乱

在我情感生活几近破裂的时候，曾让好友莎莎给我介绍几个过得去的男生，不用太好，也不能太差，让我可以一生平平淡淡地过下去就行了。

莎莎拒绝了我的请求，并对我说："我愿你做一个幸福的女人，不将就、不慌乱。你该有自己的美好生活，而不是因为一段感情而选择将就地过完下半辈子。"

不将就、不慌乱，看似很简单的一句话，实际上做到却挺难的。因为每个人面对生活的逼迫、情感的选择、年龄的增长，总会选择就这样随意地过自己的生活。那些好的坏的、有的没的，看似不在意了，实则是将就了。你将就生活，生活也会将就你，就像你将就选择，选择也会返还给你将就。

我们曾经无数次地像紫霞仙子那样幻想过："我的意中人是一位盖世英雄，有一天，他会身披金甲圣衣，驾着七彩祥云来娶我。"可是在爱恋结束的时候，我们的幻想似乎也随之结束了，好多人在经历了情感的创伤与现实的折磨后，也变得颓靡不振，也觉得生无可恋，觉得随便谁都可以。

我的初恋，怎么说呢，是一个不高、不富有甚至情商也并不高的人，可是，我却为他沉沦了好长时间，或许是我贪图他的颜值。在一起的时候真的是很高兴啊，我的笑、我的泪都是他欢笑与悲伤的依据。可是变心似乎也很快啊，三年的情感抵不过一个女生虚无的“我今年可以和你结婚”的承诺，这样的话，难道我真的不会说吗？

从没有想过自己是狼狈退出的，也从没有想过如果有那么一天，我的选择会让我成为将就的人，我曾因此感到十分恐慌，我竟变成了一个因为爱情而失态的姑娘。

而莎莎告诉我：“你的爱情观需要改变，不要因为前一段情感的失意就诋毁了一切情感，也不要因为此刻的颓废，就放弃了满园的春光。好女孩，是不能将就、不能慌乱地开始或结束一段感情的。哪怕爱恋有时候会痛苦，哪怕遇到的人或许并不是这个世界上的盖世英雄，他该是你的英雄，能够让你变得更美好，也该要学着享受，而非草草决定。”

太多的人都在害怕，耿耿于怀地想要拽住自己的那份爱恋，哪怕它已经褪色，但心中总会期待着自己捂着捂着就可以重新染色；总觉得将就着原谅就可以慌乱地决定，可是决定的每一件事情是一种选择，既然是一个选择了，那么就不应该将就，更不可以慌乱。

一辈子的事情，绝对不能随意地决定、随意地开始、随意地结束。你不知道将就着选择学习一个不喜欢的专业、不喜欢的课程，最后导致的结果是学不好吗？将就选择一个工作环境，做着你觉得将就的事情，最后导致的结果是你成了工作中的老油子，做不好会找借口：“这本来就是一个不能好好做的事情。”那些将就着选择一个结婚的人，往往也会因为柴米油盐、家庭纠纷而分道扬镳，或是过着貌合神离的生活。

为什么总说要认真地进行抉择，认真地开启自己的生活，对待生活的态度、选择伴侣的姿态应当是不将就、不慌乱？是因为选择对于人们来说，是可控的，每个人将来要过怎样的生活是控制在自己的手中的，你会用怎样的状态来完成使命、你会过上怎样的生活，都是取决于你此刻的选择。若是你的选择是自己愿意的，是经过慎重考虑的，只要你可以用你的意志和你的爱来控制你的生活，那么就不会觉得累，你的每一天都是充实而美好的！

经历过恋爱的人，都该知道爱情最开始的样子，也清楚爱情最终会消失、会转变、会在不知不觉中变成另外的模样，可能变成亲情，也可能变成陌路人。然而在选择新的伴侣的时候，是不该因为年龄到了而将就，不该因为心累了而慌乱决定，找一个彼此相爱的人或许没有那么简单，可是相爱的人在一起却很重要。因为这样的一份不将就会让你的爱恋变得更为纯粹，也因为不是慌乱的决定，所以减少了后悔的可能性。

我有一个堂姐，她在大学期间谈过一个男友，七年，为他不爱惜自己的身体很多次。她把男友带回家，父母在考察了男生的情况后不同意两人在一起，几经波折，他们两人分开了。

分开后，她已经二十六岁了，她着急要结婚，家人也着急操办她的婚礼，于是慌忙之中，她随意挑了一个就结婚了。家人以为这会是一个幸福的开始，却不知这根本就是噩梦的延续。那个男人不爱她，她也不爱那个男人。男人的父母姐妹相继在他们生活的过程中插入，并抨击她，她也毫不示弱，双方之间斗得热火朝天。三年，因为各种原因，流产了三个孩子，医生说她这辈子或许都不会有孩子了。对于一个不爱她的人来说，为了她而断子绝孙，简直是一件完全不能忍受的事情。于是男方一家开始闹到堂姐的单位，开始用各种各样的手段和方式对堂姐进行攻击，让堂姐的生活、工作都是一团糟。最终两人离婚了。

离婚后带着满身伤痛的堂姐已经不想再结婚了，她按照自己的生活步调过着自己的小日子，她一点点地开始回归自我。没想到却认识了一个比她大、懂她、怜她的男人，得知她可能没办法有孩子，男人说：“没关系，医学这么发达了，我们可以治，实在不行，我可以不要孩子，我只要你和我一起开开心心地过日子。”

就这样，他们慢悠悠地谈了一年恋爱；在堂姐三十三岁的年纪里，他们步入了婚姻的殿堂；在堂姐三十五岁时，他们有了爱的结晶。现在他们开着一家由父母投资的酒楼，每天热火朝天地干着工作，日子如蜜里调油。

堂姐曾在我们姐妹聚会的时候说：“我好长时间里都在想现在的婚姻或许是我最美好的期待，他虽然不帅、不富有，在外人看来还有些木讷，可是在我面前，他总有说不完的话，总能让我看到更好的未来。婚姻与感情本来都是将就不来的东西，越慌乱做出的决定越会在未来的某个时间点让你失望甚至后悔不已。所以无论是遇到怎样的事情，对待感情绝对不要将就、不要随大流，也别慌乱，慢一点会比较好！”

年轻的姑娘们，或许都在寻找意中人，或许都想早一点实现房子、车子、丈夫、儿子都有的理想，然而这个过程并没有那么轻而易举，每个人想要的幸福都是一点点打造出来的。不要慌、不要乱，也不要随意地决定，不要违背自己的心去将就。

幸福不会很远，或许保持着自己的步调，他就会来到你身边！不将就、不慌乱，可以让你拥有属于自己的幸福生活；不将就、不慌乱，能够让你在面对生活时露出你幸福的笑容；不将就、不慌乱，可以让你在遇到真爱时自信地牵手走下去！

| 33 |

因为爱，所以更要好好说话

有段时间，我不愿意与家人联系，因为很多时候，我们争执不已，甚至因一时口快让父母陷入难过的状态。可是有时候，人们往往以爱之名来伤人，以爱之名来让人难受。

因为执意想要和那时候的男朋友在一起，我坚决地告诉妈妈："我想要结婚了，我想要和他结婚，我不在乎他现在是不是做到了完美，也不管什么长幼之分，就是要今年结婚。"

妈妈与我沟通未果，认为我执迷不悟，开始数落我不懂规矩，说："你长这么大，怎么就一点儿也不懂事，能不能不那么自私？我怎么就生出了你这样不知廉耻的女儿！"这让我一下子泪崩了。我曾经想过，可以妥协到让他们满意的时候结婚，可是却因为一个意见分歧，她竟这样说我、这样看我。我沉默地挂了电话，不想再和妈妈说话，我害怕自己一不小心说出来的话会让她在电话那边也跟着哭泣。

我知道，妈妈是爱我的，也明白很多时候，她想我过得更好，所以才会批评我，才会说一些让我难受的话。只是，忽然之间，我觉得亲人之间的相处之道是否也该改变？如果这样的沟通长期存在的话，让我怎么相信其实妈妈对我的爱是无私的、包容的，又让我怎么相信其实自己是被爱着的而非被打压着的？

我向来不崇尚棍棒教育，也不信所谓的“打是疼骂是爱”的言论，因为有爱，人们会更在意亲人对自己的看法，亲人说的每一句话都会让自己不断反思、受到煎熬。

因而，作为孩子的我，很羡慕那样的亲子关系：一个家庭中有一个温柔的母亲、一个看上去严肃的父亲，他们会在孩子成长的过程中以不同的角度给孩子们最好的教育，同时让孩子们能够在感受爱的同时明白什么是该做的、什么是不该做的；让孩子不会变成玻璃心，不会因为增加了家庭成员而感到特别没有安全感，不会因为批评而觉得丧失了想要拥抱这个家庭的温馨感。

亲人之间、爱人之间因为在意和爱，所以更要好好说话。语言的杀伤力很大，它有时候像一把利剑，一个不小心就割破了彼此之间的关系。有些话，能想不能说，成人之间的关系那样脆弱，一句话或许就造成了永远无法磨灭的创伤。

曾经有一个这样的调查视频，视频中的老父亲因为女儿一句话“你好烦”，一张笑脸瞬间就凝固；那个等待母亲回家的孩子，因为母亲的一句话“不要再打电话来了，你听不懂我说的话吗？”悄悄地抹起眼泪……

在我不再主动与父母亲人打电话、发微信联系的那个过程中，我反复地思考自己作为女儿到底有没有做到最好，是否在相处的过程中有过这样那样的言语伤害到他们，让他们也曾小心翼翼、战战兢兢甚至只能沉默。我反省了很久，并没有发现自己曾有过对父母的那般举动，我觉得该好好说话，不联系也是一种错误，于是，时隔两个月，我给母亲打了电话。

母亲接到电话的时候，有些语无伦次，或许是激动，又或许是伤心。我对母亲说："妈妈，我能成为您的女儿，是骄傲的，我希望自己能成为您的骄傲，不希望自己被您嫌弃，所以听到您对我说的那些话，我感到很难过。我是爱您的，所以不想吵架，让您跟着难过；我也讨厌您那样对我说话，所以隔了这么久才给您打电话，只是我也想要一个可以发泄的时间，来审视我自己和家人的关系。"

母亲打断了我，并说："对不起，我说完就后悔了，我知道说出去的话很伤人，但是拉不下面子去主动给你打电话，我想到了你姐姐对我说的'妈，你到底为我做了什么，总来这样教训我'时，我自己也感到难过，可是我却用同样的方式来对你，确实是不应该。以后妈妈会注意的，会好好说话的，如果一时激动没有控制住，你就先挂电话啊……"

打完这个电话，我感到那样轻松，因为我们彼此之间达成了一个协议，要好好说话的协议。我们明白彼此之间是因为爱，所以着急，但也因此更要好好说话。因为对于亲人而言，哪怕犯了错，也该想着用更温和的方式来弥补这个错误；因为犯错的一方在知道自己错了的时候，就已经感到难过了，如果再有来自挚爱的人的言语攻击，该如何自处？又如何用心来改变所处的窘境？让深爱的人徘徊在自我怀疑的境地，难道该是爱人的表现吗？

年少时，我们曾经以为出言不逊、桀骜不羁是青春个性的体现，是张扬性格的姿态。可是，越长大越该明白，不能把出口伤人作为自己年幼的说辞。若我们是一把弓，那么我们的亲人就是一把盾，我们要将盾成为我们可攻、可防的利器，而非用自己这把弓总是去刺伤那把盾，爱应该留给真正的亲人，而非外人。因为有亲人，所以我们更该好好去维系这份爱。

因为爱，所以更要好好说话，语言是架起相爱的两人之间的桥梁。爱就表达爱，哪怕表达得有些夸张，至少也可以让彼此感受来自彼此之间的善意，让彼此之间的那份爱变得更具有期待性，不必畏畏缩缩，不必哭哭啼啼，因为爱原本就是一种美好的存在，无须因为那样的一些无理的存在而变得别别扭扭。

好好说话、好好爱，人生才会更具有可期待性，那些曾经以为的该把好脾气交给外人的观念也该改变一下了。用心去对待自己所爱的人，好好说话，耐心一点，不负时光、不负爱人。

| 34 |

不要理所应当地享受别人给予的帮助

我们做小型聚会的时候，饭桌上好友婷对我说：“我发现好多人都理所应当地想要别人给予帮助，不帮忙好像就成了一种罪过，可是，那些帮助他人的人凭什么就要被别人那样趾高气扬地要求帮助呢？”

熟悉婷的朋友们都知道，她是一个乐于为自己身边的朋友们付出的人，也是一个乐于去给予他人帮助的姑娘，让这样的人说出这样的一番话，我不禁有些吃惊：“是怎么了？发生了什么事情？你怎么会忽然之间脑子开窍了，有这样的觉悟和体会？”

婷笑了笑，说起了与现在的一个同事M的一些日常琐事。两人机缘巧合地分到了同一个宿舍楼，相处三个月一直相安无事。因为婷是一个愿意自己揽事的人，她会自己去交物业费，每次都会在下班后买第二天要做的菜，并备好当天晚上的晚餐。因为两个人同住，所以，婷总会用心地给M也准备一份，久而久之，M将这当作婷理所应当要做的事情。那天，婷因为与朋友相约，来了一场说走就走的旅行，三天未回宿舍，M也清楚婷会在外面玩几天，可是M却在婷不在的时候，对别人说："我的室友有点没公德心，她自己出去玩，都不晓得把要准备的菜买好，也不说一下，这个月的物业费也不去交，也不告诉别人要交。"

婷听了他人的转述之后，很生气，与M对质，哪里知道M来了一句："这本来就是你应该做的事情，难道我哪里冤枉你了？你不是一直都在做着这些事情，忽然在该做的时候不做，那不就是故意给我难做吗？"

婷说："我是没有想到，自己好心想着帮助一下这个新来的同事适应一下环境竟然成了以后的无数天我都需要为此操心。我们非亲非故，凭什么要一直为她操心？而且她怎么好意思说，我必须要做这件事情呢？现在的人怎么这样可笑呢？有谁有义务为了帮助你一直辛苦自己的？"

这是一个很奇怪的世界，这个世界里充斥这样那样的人，有的人诚心诚意地为了能够方便大家而帮助大家，而有些人却将别人的帮助当作是他们原本就该做的事情，就好像别人不做这件事情，就是不该、罪过，这是什么道理？

听着婷义愤填膺的话，我想起了悠悠的事情。悠悠是地地道道的粤北人，可是，她却背着行囊来到西藏支边。在她支边的时间里，她能够上网的时间挺少，也不太热衷于与家人通过网络讯息进行联系。不久前，她家舅舅生病了，住进了重症监护室。舅舅一家的经济收入支撑不了一天一万多块钱的医疗费用，于是舅妈想到了悠悠，希望悠悠能够帮着做一下筹款的事情。因为是自己的亲舅舅，悠悠对此挺上心，教和自己差不多大的表弟有关轻松筹的程序、步骤，表弟在电话的那边似乎听得很仔细，又说自己那儿是有人做的，因此悠悠就按照自己的节奏，干着自己的工作。

三天后，悠悠的妹妹发来微信：“姐，怎么回事？怎么轻松筹还没有弄？妈妈说这边的医药费每天都很高，已经快没有钱了，怎么没有把轻松筹弄好？”

悠悠诧异地问妹妹：“表弟说自己那边有人在弄，前天还打了电话，他说有人帮他弄，原来是还没有弄吗？”

于是，悠悠打电话给表弟，表弟说：“姐，你不是说帮我弄吗？不是说文字什么的都给我写吗？我这边身份证还没有拍好，那个我的朋友也不多，发的话也效果不好，我想让你帮我转发……”

悠悠听了表弟这样说话，其实心里是不高兴的，但又是亲戚，不帮忙父母肯定会说。父亲给悠悠打电话的时候，悠悠有些生气地说：“爸爸，我真的不是说不帮忙，但是他要我帮忙是不是该明确地说出来，是不是要先说声‘谢谢你，辛苦你了，麻烦你了’。什么都没有说，还一副理所应当的样子，就等着我弄好一切吗？我不是没有自己的事情，我一天到晚忙得不可开交，帮了他还没有一点回馈，真不如去帮一个陌生人！”

“宝贝，这不是没有办法嘛，他们都不懂，我也知道这样的事情肯定是麻烦的，你不要表现得不耐烦，爸爸替他谢谢你，你妈妈也会替他们谢谢你的。等过完这阵子，我来教你表弟怎么做人，好吧？”

听了父亲的话，悠悠心里好受些，于是，也卯着劲给表弟做着这件事，一直盯着他。从证件上传到审核结束，再到发朋友圈，号召自己的亲朋好友捐助、转发，整个过程中，表弟依旧未说谢谢，就连表弟的妈妈也未打个电话来告诉她款项到底进行到了什么地步、是不是还需要继续助攻。

可是，表弟他们不说话，似乎别人是多此一举，别人理所应当要做的。于是，悠悠也不怎么上心这件事了。悠悠的亲戚却对悠悠说：“你们真的太不关心我们了，我们出了这么大的问题，你们这些小辈难道不该来医院看看吗？”

悠悠觉得有些寒心，认为我在十万八千里外的地方工作，给你辛辛苦苦地帮忙了，你却还要这样扯我的事情，不是一片好心被当成了驴肝肺吗？原本悠悠还非常用心地在自己的朋友圈中进行转发，可是转发了三天以后，她决定不再转发，她不想因为这样不知道回报的人而占用自己太长时间。投之以桃、报之以李不该是每一个人都应明白的道理吗？怎么有的人就那么理所应当地认为别人就该免费为她辛苦、为她愁？

在我们这个世界上，没有什么人的付出是不需要成本、不需要考虑报酬的，每个人的付出都应当被回馈，应当成为享受回报的一个理由。或许真的有人付出是不求回报的，可是别人不求回报，并不是受帮助的人应当心安理得地享受的理由。那些真心帮助你的人，要么是因为爱你，要么是因为善良，要么是因为高尚。别人帮你是情分，不帮你是本分，可是太多的人弄错了这两者之间的顺序，颠倒了是非对错，混淆了来龙去脉。

别理所应当地享受别人给予的帮助，哪怕是亲人，该道谢的还是要道谢，这是一种礼貌，也是一种为人处世最基本的素养。

| 35 |

慢慢来，会很快的

在知识碎片化、经济飞速发展的时代，很多人工智能取代了人类本身的劳务，有的人曾断定：在未来的二十年内，会有机器人将人类的绝大多数工作取代，而人类如果要过上好日子的话，一方面需要懂得高科技，另一方面则是需要很有钱。

在这样一个断定下，很多人悲观地想：怎样才能在被淘汰之前让自己变好一点？又或者无论自己怎样做都无法变好了？面对即将来临的变革，大家总会陷入恐慌和焦躁，导致在做后面的事情时容易陷入必须要快快地做、陷入一种“用力过猛”的误区中。然而，物极必反，希望快速地成长，却不一定能够有立竿见影的效果，有时候，慢慢来，才会很快。

现在新鲜的事物层出不穷，各种学习软件、社团如雨后春笋般出现，好多人都喜欢报速成班，似乎普通人通过 21 天的培训就能够达到崛起的地步，就能够改变长期以来养成的习惯，变成另外一个自己。太多人都以为这样能够快速取得想要的成功，但是却不曾想过：没有谁的成功是一蹴而就的。公众号的粉丝上千万的咪蒙曾经有过长期的蛰伏，曾几年如一日地担任南方都市报深圳杂志部的首席编辑，才有了如今的成绩，才能够写出一篇篇引人深思的“毒鸡汤”，才能让读者从她的文章中反思人性、获得成长，并且能够被她的文字与言行吸引。

没有谁能够轻而易举成功，不要总想走捷径、走最短的路去达到自己的目标，要慢慢地去摸索、去沉淀，让自己能够有资本爆发，才能获得想要的成功。

最近，我朋友西西说：“好着急，感觉每天要做的事情好多，每天在做的事情也好多，但是却觉得进步特别不明显，总有想反驳自己再这样努力的冲动！”

西西是一个性子比较急躁的女生，她总是希望能够将事情快速做好，总希望自己的时间每一分钟都是有效的，有时候会急于求成，希望没有那些多余的步骤，只看最后的结果。可是她常常会犯顾此失彼的错误，总会一个不小心就因为没有弄好过程中需要做的事情，而导致结果很不好，她也常常因为这样的事情被领导呵斥、被同事抱怨。

我劝西西：“不要太着急，你把基础打牢了，今后做事情就不会那么麻烦，就能够很好地完成任务，你太过急功近利了，这样效果不会有多好的！”

或许很多人会说慢慢来怎么可能会很快，然而经过事实验证，这确实是真理。建筑工人在打好地基、做好设计图上花心思后，后期建造的房子，就不会出现太多的瑕疵，不需要返工，不需要再耗费心神；一个语言学习者在音标、语法基础上多花工夫后，在开始朗读句子、遣词造句的时候就不用过多地检索与思考，顺手便可拈来；一个销售人员在销售前多对自己的产品进行了解，多“勾搭”客户，那么在真正进行推广、销售产品的时候，他就会更为游刃有余……

在这个快餐时代，在所有人都在追求最快地改变生活的时候，我们需要用一种更加虔诚的态度去对待“慢慢来”这三个字。好汤要慢炖才能熬出鲜美的味道，好墨要细磨才能碾出浓烈的色彩。欲速则不达，成长中的每一个步骤都该点滴沉淀，厚积而薄发，让沉淀的力量成为真正促进前进的动力。

前段时间，我们单位网站的友祺编辑告诉所有的作者：“文史类的文章比较容易被总网采用，大家多写这方面的稿子呀！”

我答：“那得多看看书，好好研究历史，才能写文史类的文章，不然会贻笑大方。”

友祺编辑说：“大家可以考虑仔细地研究一下《三国演义》《水浒传》《红楼梦》《史记》。书读百遍，其义自见。有自己的思考，写出来的东西才有深度！文史类的书稿，那可不是胡诌的呐！”

“那可得花多少工夫呀！”好多作者都在嬉笑，“原来写作真的不是一件容易的差事啊！”

“可不是，要写出有深度的东西，能够上首页的文章如果是普普通通、平平常常的，那么就太没有技术含量和存在的意义了。好东西必须细细品尝才能品出好味道。”友祺编辑说道。

我仔细回想我们的对话，发现我们的对话也还是印证那句“慢慢来，会很快”的道理。你要研读，就得放慢脚步，就得从每一件小事上进行深究细推，这样才能够让自己在后来的路上越走越好。

越是外在变化太快、变化的速度让人害怕，越要沉下心来，让自己在某些需要仔细研读、仔细推敲的事情上下工夫。武林高手大都是经历了“十年磨一剑”“洞中修炼”的长久慢速度才造就了某一天能够一飞冲天的结果，我们这些普通人不就更应该要在成长的路上一步一个脚印，一点点地将自己的基础给夯实了吗？

生活的步调是可控的，我们每个人都要掌控自己的步调，不要给人一种你看上去很努力，但实际上你却在焦躁的状态中；也不要给他人一种你好像很厉害，但实则外强中干的错觉。要真正地做好自己的每一件小事，打牢自己的基础，一点点地让自己成长起来！

| 36 |

你有多努力，就会有多幸运

在我曾经从事心理咨询的过程中，接到过这样的来访：“唐老师，我觉得早起太辛苦了，有没有更好的、更直接有效的学习英语的办法，不用记单词的那种，我想更快地通过这次的四级。”“唐老师，我听说有人获得优秀毕业生称号是因为和班委、辅导老师打好了关系，所以就评上了。我大学英语一直挂科，我现在去做这些事情还来得及吗？”“虽然我知道这个问题有些傻，但是我还是想要问，那些根本不努力的人，为什么也能得到幸运的垂青，努力其实也并不是最重要的吧？”

每当我接到这样的来访，总有一种特别奇特的心理，我心中总是在想：我们到底怎么了？难道不劳而获的感觉很好吗？又或者，我们真的只想要坐享其成，就没有想过任何的获得都是有一定的程序的吗？

我问：“你觉得你班上过了四级的人，是很轻松地过的吗？不用记单词也可以过？”

她歪着脑袋，想了想，说道：“班上有一个女生A，我从来没有见她背过单词，她每天都是很规律地上课、休息、玩耍，然后在第一次四级考试的时候就以高分考过了的。”

我继续问：“那你了解过，她高考时英语的分数吗？”她沉默了一会，说道：“听说是140分，可是那已经是过去了的呀！”

“那你呢？你高考的时候是多少呢？现在离高考已经3年了，她考的时候只是高考过去后的1年而已。”

“可是，我不想每天早上那么冷就起床记单词、背词组，我已经做过两年了，可还是没有过，我觉得可能我就没有那个天赋。”她恹恹地总结。

有好多人都习惯性将最终失败的原因归因于天赋，世界上哪有那么多的事情是凭天赋的？《伤仲永》是我们小时候就学过的一篇课文，大家都知道他有天赋，可若是后天的努力不重要的话，仲永或许就不会“泯然众人矣”。你有多么努力，就会有多么幸运。有时候失败并不可怕，可怕的是你因为失败而丧失了再继续努力的信念。

前不久，我的朋友婷响应组织的号召去湖南招生了，带着光环，也带着责任，准备去招一批立志在中国边疆大地扎根的有志青年。她对于我而言，并不仅仅是朋友而已，在精神上，她是我的一个支柱。因为有她，我才会觉得有时候累一点并没有什么不好，不过是我们自己选择的一种生活方式而已。她是一个真正称得上因为努力所以幸运的女生，我习惯性地称呼她“拼命婷”。

你没有看到，为了组织好一场有意思的农民文艺演出，她串词、写稿，选主持人、选嘉宾，一个村一个村地走访，观看排练效果。在演出正式开始前，她一遍遍地彩排，大声地说话，等到演出结束后，她的嗓子已经嘶哑得说不出话来了。有人说：“你不用那么拼啊，那么拼，能获得什么呢？”

她说：“我觉得我们所在的南疆小镇好久都没有一个高质量的演出了，大家纯粹为了完成任务而表演，这样的活动没有意义。而我既然要做，那肯定要做到最好，如果不能做到最好，那至少要做到让我自己满意。这次，对我而言很不错，至少很多人都对我说今天的表演很精彩、很值得观看。不需要维持纪律，大家都很投入，这对于我而言就是收获！”

很多来咨询努力与获得之间矛盾问题的人，其实往往都是存在一种计较的心理。他们往往抱着这样一种想法：我在努力做一些事情，如果没有得到应有的成绩，那么就是不公平；我在努力地付出，如果没有获得该有的回报，那么就是我不走运！然而，这个世界虽然功利化，却也还没有到那样的程度，我们或许努力好长时间都未必能够获得怎样实效性的成就，可是生活总不会辜负一个努力的人。你有多努力，就会有多幸运！

今天在写这篇文章的时候，我听到了一位朋友的分享。我的那位朋友喜欢一个人好长时间了，她费尽心思地靠近男神，给男神提供各种情绪价值，可是男神似乎把她当作一个闲暇时刻的消遣，又或者是当作一个心烦意乱时的倾诉。但是朋友依旧乐此不疲地喜欢着他，为他改变，提高自己的情商，看男神喜欢看的书，学习如何让自己穿着打扮更加美丽，如何行为表现更为妥当。很多人都问她：“这样委屈地喜欢一个人不累吗？别人不会回应你，你还这样，值得吗？”

她却说：“我知道可能我努力了很久也难以打动他，我自己或许也清晰地认识到我们两人在一起的可能性很低，甚至根本就不可能在一起。可是我觉得我这么努力地改变自己，让自己变得更好，我觉得很幸福啊。我是幸运的啊，遇到了一个可以让我变得更好的人，遇到了一个让我努力想去靠近的人，多幸运啊！我知道，努力或许得不到，可是不努力，可能连幸运都要丢了！”

听了她的话，我忽然意识到：如果我们每个人都能够像对待情人一样对待我们的努力，对待我们正在开启的每一段人生之旅，不去计较结果，只先感受那过程的美妙。那么，我们或许也能拥有幸运。越努力，越幸运；越幸运，越开怀！

姑娘们，不要去质疑你努力的价值，要明白这个世界上没有不努力就可以获得的任何东西；也要懂得，努力或许得不到最好的，可是努力的结果绝对不会差。你有多努力，就会有多幸运；你有多努力地想要成为最好的那个人，你就可能有多么幸运能够成为最好的自己。我们都该为了成长路上的幸运，努力地成为更努力的人！

| 37 |

你本就一无所有，怕什么失去

我常常会被问这样一个问题：“如果你失去了一切，你最害怕的是什么？你会不会选择极端的做法，去让这个让你伤心的世界也跟着难过？”我想了许久，认为我大概做不到采取极端的做法，更做不到去让世界跟着我难过。

失去是一种让人觉得很痛苦的体验，每一个失去都会给人带来不同程度的感伤。可是，谁又能在自己漫长的人生路上避免失去这件事情呢？就像每一次见面之后就是失去，每一次相逢之后就是失去，每一次获得之后也是失去，我们谁都无法避免。因此，我们谁也没有必要害怕失去，因为我们每个人本就一无所有！

我的一个朋友阿桑最近在热火朝天地做微商，以前的她根本就不是一个擅长与人打交道的人，在我们的朋友圈里，她算是一个沉寂非常久的人，我甚至好长时间都怀疑她根本就不会使用朋友圈的功能。

当我了解到她在做微商的时候，已经是她做得风生水起的时候了。我去报材料的时候，在路上碰到了正要去快递一条街寄件的她，见到她的那一刻，很吃惊，她完全不像是先前印象中的模样。

她对我说："阿芳，等我把这几个货给客户寄了，我们一起在营养粗粮吃个饭吧！"我吃惊地看了一眼她："你怎么会想起要订在营养粗粮呢？"她笑："我现在可是时不时地盯着朋友圈呢，你的那点小心思，我早就掌握于心了！"

我们到了营养粗粮，我定定地看着她，她也不隐瞒，先是扑哧一笑，而后说道："你也不要那样惊讶地看着我，我是真的可以感受到自己变化了不少。你知道的，我本来就一无所有，所以不害怕失去什么。做微商的这段时间里，我真的发现了许多种可能性，一点点地学习、一点点地改变，因为不害怕，所以更勇敢！"

阿桑的话，让我想起了两年前，那时候她经历了人生的滑铁卢。相恋六年的男友弃她而去，带走了两人前期攒下的所有积蓄。当年阿桑是背离了父母的期盼跟着男友来到这个陌生的城市的，那时年少，总以为诺言就是现实，所以一无所有地跟着所爱的人来到了完全陌生的地方。可是，男友走了，走得彻彻底底，一点儿念想也没有给她留，甚至还给她捅了一刀。她曾经想过死，要去找那个男人同归于尽。她消沉了好长时间，我们几个朋友总对她说："坏人做坏事，总会遭到报应的，你不要为了一个坏人，坏了你的整个世界。"然而，效果并不佳。

我问："你怎么忽然之间意识到你一无所有，所以什么也不怕呢？"

她惨淡一笑，说道："他走了后，我觉得天塌下来了，你知道，我有很长时间白天哭，晚上也哭，我在这个城市的每一个角落都找不到安身之地，都能看到他的影子，我总想着他会回来的，我还有他。可是，他走了，走得彻彻底底，我妈妈却来了。妈妈见到我的第一件事情就是给我熬了一锅鸡汤，你别笑，是真的鸡汤。我不吃，她扇了我一耳光，说你已经一无所有了还怕什么？你不起来，就一直都是一无所有，你以为一无所有的你可以再找到比他好的人？"

"你知道吗，妈妈的话特别伤人，比她给我扇的那一耳光还让我难受，我的脑海中一直盘旋着她的话——你是一无所有的人。几天后，我忽然醒了，我忽然明白既然已经一无所有，那就不用怕任何的事情了，因为我根本就没有什么可以失去的东西了。"

我看着她，说道："那么，现在呢？会不会怕啊？现在你可没有一无所有，你的车子、你的事业、你的圈子，全是你的所有！"

她喝着汤，风轻云淡地说："我本来就一无所有，现在所得到的一切都是后来努力的馈赠。原本的我，一无所有，就像当初来一样，只带着爱情就过来了。后来爱情没有了，我什么也没有了，可是我还是能够走出来，我还是获得了我想要的一切。所以我不怕什么失去，这些外在的所有的失去终将在后来给我补偿。我知道，只要我不丢了我自己，所有的失去都不叫作失去。"

"我现在很好，虽然还是没有男朋友，还是没有完全走出去，可是我已经不再为了他而撕心裂肺，我的生活也踏入了正轨，事业也逐步壮大，还给自己买了一辆小的代步车，建立了自己的朋友圈，能够去分享快乐、去发现美好，我真的觉得很好了！"

离开的时候，我狠狠地抱了她，成长真的能够给我们带来特别多的改变，原本一个娇娇弱弱的姑娘忽然长大了，忽然长成了一种谁也不能撼动的模样。一时间我们不知道该如何去评判所谓的苦痛到底意味着什么，而所谓的成长又给予了我们每个前行的人怎样的力量，让我们在行走的过程中充分地体验人生。

我们有太多的人不清楚，对于生活，我们本应该保持怎样的一种态度；我们有太多的人都不明白，对于生活的本意，我们理应拥有怎样的一种理解；我们有太多的人不了解，对于生活的本质，我们应当投掷怎样的一种方法。我们总试图去抓住好多的东西，好像什么都不能失去，好像什么都不可以失去。可是我们忘了，那些身外的一切，都不该成为我们的羁绊，我们应该以我们自己为最重要的牵绊。

不去害怕、不要担心会失去什么，我们是来这个世界进行探索的求知者。一路行走，我们会遇到许许多多的问题，会经历许许多多的坎坷，会哭、会痛，也会伤。可是，我们不应该在碰到害怕的事情时就逃避，也不应该在遇到难受的事情时就一直躲着，更不应该在失去了某些人、某些事情之后就以为真的失去了一切。只要你自己还在，只要还有你自己，你就可以成为全新的人。

| 38 |

既然在做，为什么不去做到最好

小时候看《宝莲灯》，印象深刻的一个场景是主角沉香知道自己的母亲三圣母被王母娘娘关在一个必须要很高的法力才能够进入的禁地，他想要见自己的母亲，想要救自己的母亲，在这祈求救母的过程中，他知道自己人微言轻，必须要有力量才能通向彼岸，因此他四处寻找能够帮助他练习剑法和武术的人拜师学艺。

可是，年轻人总有一些狂妄自大，沉香无论是拜战胜佛孙悟空还是天蓬元帅猪八戒为师，在练习的过程中，他总容易自满，并喜欢对自己说："哦，还只差一点点！"

作为舅舅的二郎神又一次来测试他的功力，一测试知道他还差很远时，就非常生气地把他打得遍体鳞伤，边打边说："这个也说还差一点点，那个也说还差一点点，差不多了，就你这点功夫，南天门都上不了，还想去救你娘？你娘还没有救上，你就已经被打死了！"

当时看到这一幕，我觉得这个二郎神好啰唆，但也感觉到这个二郎神应该不是坏人，如果是坏人，怎么可能教沉香如何用功；如果是坏人，他又为什么要如此恨铁不成钢，会在听到“差一点”这样的话以后那么生气？

“差不多先生”是我们在成长中经常会成为的一种人，我们常常会不知不觉中就成了“差不多先生”，告诉自己“我做得差不多了，没有人会责怪我了”“只差一点点了，等会儿再来努力一把就行了”等话语，让自己哪怕在并没有做好的时候，松懈掉该有的努力。

虽然我们这个社会现在已经进步了很多，都不再说是要以成败论英雄，但我们每个人在做事情时，是否能够让自己摆正心态，既然做，就做到最好呢？我们的确都是普通人，可是同样的，我们也都是能够创造未来的人。

每个人的潜力都不应该被忽视，每个人都该正视自己对于正在做的事情的态度，因为一旦我们对所做的事情有所要求，我们就有了另一种做事的态度，而这样的态度能让我们收获更好的人生。

每个人都希望自己能够拥有美好的人生，但在做事情的时候，　却只停留在“差不多就好”的地步，没有一定要做到最好的决心和毅力，又如何去谈要获得最佳评语、拥有美好的人生呢？

不久前，宣传部组织开展一个“民族团结一家亲”讲故事大赛，单位领导要求我们年轻人都好好准备一下，冲击一下部里的奖项。我对于奖项这一件事情并不热衷，总觉得这样的噱头没有什么实际意义，于是并不走心地准备着演讲稿和配音。

到了正式比赛的那一天，有像我这样在打酱油的，也有很用心地参与这个活动的人。用心在做事情的人，总能比打酱油的人获得更多的掌声与呐喊声。

很朴实的一些事情，因为你用心去做，所以你会被感动；而同样的，因为你很认真地在做这些事请，你阐述起来的时候，很动情，这也就让你更自然地拥有一个讲故事、渲染情感的资本。

比赛结束，我毫无遗憾地没有进入决赛，预赛第一的那个女生是检察院的姑娘，因为全场比赛，我看到她精心制作的视频，听到了她饱满有力的阐述，听着她所讲的故事，我的眼泪竟然也跟着流了下来。

我加了她的微信，对她的本职工作也有了一定的了解后，问她："检察院最近都不忙吗？你怎么想着要用这样的形式，那么用心地参加这个比赛？"

她说："检察院里最近有很多案子要办，自己负责的也有几个案子的材料要理，可是既然已经接到了这样一个任务，总要用心去完成。那么如果是要去花时间来做的事情，既然是在做，为什么不把它做到最好呢？做到自己内心里认为的最好，那么自己也就不会觉得遗憾。"

"你不觉得这样做的话，会耗费自己挺长的时间与精力的吗？"我继续问道，"本来这也不是你的本职工作，并不需要很用心去做的吧？"

"我觉得不管是否与本职工作有关，我们总要去接触不一样的世界、尝试不一样的生活的。所以，在做某些事情的时候，我们就应该努力去做好！"

"你接到了一件事情，这件事情就成了你应该要努力去完成的事情。我们是可以选择凑合地去做一件事情，可是如果凑合的结果是我们也不愿意去接受的结果，那我们可以让自己改变一下态度，让自己可以把一些事情变成我们本来就应该去做的事情。既然在做这些事情，我们为什么不去做得更好？如果能够做得更好，我们为什么不让自己做到最好呢？做到最好，展现一个最完美的样子，难道不会成为我们的一种骄傲吗？”

我忽然觉得这个姑娘特别帅气，因为用心在做一些事情，所以她很硬气地赢得了所有人的掌声和欢呼，也因为她清楚地知道好多事情用心做才会做得好，所以她做事情认真、专注。她说的“既然在做，那就做到最好吧”，很朴实的一句话，却让我一点儿也无法反驳。

生活有太多的事情让我们妥协，可是很多事情、很多时候，妥协的结果是我们自己放弃了对成功的渴望与追求。若是我们不想做“差不多小姐”或“差不多先生”，我们大概会过上我们想要的美好生活。

我们每个人的人生都该有这样的一种勇气，让自己手头上在做的事情成为做得最好的事情；我们每个人都该有这样的一种决心，既然在做，那就做到最好。唯有如此，才不辜负韶光、不辜负岁月、不辜负付出、不辜负努力。

努力去做一个让自己尽全力的人吧！手头上的事情，如果在做的话，那就做到最好！做到最好，才能让自己更骄傲，才能真的成就自己的人生，获得自己人生的快乐！

| 39 |

年龄不是分水岭，但若没有妥善的安排，年龄就是阻碍

最近在一次小派对上，组织者与我们讨论关于年龄的问题，题目是“你觉得你人生的分水岭是在你多大的时候？你怎么看待年龄一天天地增长？三十岁这个年龄你又是如何看待的？”

我们在场的人，年龄是二十二岁到四十五岁不等，对于年龄，大家有着不同的见解，好像年龄真是一个不同寻常的东西。组织者提出这样的一个问题后，大家的回答基本上可以分为三大类：一类是认为年龄不是分水岭，你每天按照自己的心情过好每天就行，有种诗情画意、甚至是小仙女的感觉；一类是认为年龄是分水岭，每过一个年龄阶段就意味着有新的不一样的内容，如果不能在某一个年龄段做好某一件事情，那么或许将来永远无法去做那样的事情；而第三类则是认为年龄可以不是分水岭，只要每一个年龄阶段都能够做出对自己的合理、妥善的安排，年龄就不可能是人生的阻碍，可是，若没有好好地规划自己的人生，那么年龄就是一个阻碍，而且年龄越大，阻碍越多。

大家都有对自己的观点进行陈述，我最为赞赏的是卡卡对年龄的陈述。她说：“对于年龄的分水岭，我曾经特别地相信，但是现在，我觉得每一个年龄都有可能成为我的分水岭，也可以不是分水岭。就比如现在我二十五岁，我就认为此刻的年龄是我的分水岭：二十五岁以前没有体会到生活的艰辛，不懂得人情世故，不清楚自己到底想要什么、想做什么，总以为懵懵懂懂的日子会比较好过；但是二十五岁以后发现生活不是梦，总要清楚自己要什么才是好的。因此从此开始给了自己一个较为清晰的人生目标，希望自己能够像咱们国家一样有那样的一个五年规划，通过五年，让自己真的有房有车、才貌双全、走过世界的几个地方、看过中国的很多风景。所以，为此需要做很多很多的努力！”

“你要怎么努力？按照你现在说的，30 岁就要实现那么多的目标，那你到底又会怎样安排你的时间、怎么进行规划？据我所知，你现在并没有任何具备达到以上目标的条件，更何况，你怎么知道将来的计划与变化之间谁会来得更快一些？年轻的姑娘就是会幻想，但是如果幻想有用的话，那倒不如所有人都去幻想算了！姜还是老的辣，你不得不承认这一点！”一个 40 来岁的大姐这样反驳道。

卡卡摇头，并笑着说：“姐姐，您说的我也赞同，但是您说的据您所知并不代表什么，我现在是年轻爱幻想，可是我更注重时间的安排和打理，我规定了自己哪个时间做什么事情，我确信自己能够做好的事情便绝对不放松警惕。因为清楚地知道自己的长处和短处，所以能更清楚地知道自己能够做得怎样。您没有见过二十岁的迷茫无助的我，二十五岁的我，能够坐在这里与您对话，也算得上是我的一个进步了！”

我是了解卡卡的，二十岁的她经历了人生的一场大灾难，她那在矿里工作的父亲因为煤矿坍塌被埋，医院抢救无效，仅四十三岁就离开了人世。卡卡是家中的老大，当时的她刚上大二，还有一个弟弟和一个妹妹在上初中，母亲在一家超市上班，工资不高，父亲的离世让她一下子就被迫要长大，不得不开始承担起家庭的重担。

刚开始，她申请学校的助学金，努力地拿学校的奖学金。后来，她开始做各种各样的兼职，从体力劳动到脑力劳动，一点点地让自己有能够实现目标的可能性。她一点点地调配自己的时间。她告诉自己大学毕业前，自己一定要有至少三万块钱的积蓄，并且能够在大学期间一直给弟弟妹妹交学费，自己能够去一趟拉萨、伊犁和香港。同时，她要安排好自己的学习时间，争取在25岁前拿到硕士学位证书。

她努力地去做，做的是都是自己想做的事情。大学毕业前，她卡上有五万元，曾在大三、大四去了拉萨、伊犁和香港，此刻25岁的她已经拿到了法学硕士的证书，读研期间一直在一家律师事务所当实习助理。现在的她，已经和那家知名的律师事务所签了合同，成了一名正式律师。

没有谁的人生需要被规定，也没有谁的年龄会是前进路上的阻碍，只要能够合理地完成每个年龄阶段的工作任务，能够真正地在年纪增长的过程中，不虚度时光，不浪费自己的每一分、每一秒，或许真的就没有什么分水岭；然而，如果只是说说，却不去做，那么怎样都不可能拥有多么美好的日子，毕竟无论从精力、体力还是智力上来说，年龄摆在那儿，确实会在行事的时候遇到一些阻碍。

有时候，我会比较认同张爱玲女士说的那句“成名要趁早”，但同样也喜欢那个鼓励人心的成语“大器晚成”，可我将两者拿来进行对比，发现无论是早早成名的人，还是大器晚成的人，都按照自己给自己限定的时间范畴认真地朝着一个目标在前行。

“成名要趁早”者如当下最火热的少年组合 TFBOYS，三个未成年的少年，进入娱乐圈，开始演艺事业之后，对于自己的艺术追求就不曾放弃过，跳舞、唱歌、演戏、综艺，样样都去学习。他们说有一个十年之约，希望那个时候的 TFBOYS 能够开一场盛大的演唱会，与粉丝们进行圆梦之旅。几个少年已经陆续开始在各自的领域崭露头角，或将成为新一代的领军人物。他们能够取得这样的成绩，一方面来自时代的变化，另一方面则来自于经纪公司与他们自己对于未来几年、甚至十几年的规划，这让他们能够在前进的轨道上不至于偏离方向、不让年龄成为障碍。

“大器晚成”者如饰演《伪装者》里的明楼而大火的靳东，他在娱乐圈中的时间或许比好些“90 后”都要长。1993 年他正式出道，饰演过很多角色，却并没有让更多的观众认识他。2015 年的《伪装者》中他饰演明楼，在其中表现出色，得到了一大波迷妹的青睐，也在近四十岁的高龄再次获得了他演绎生涯的春天。在这前行的二十多年里，他并没有忘记自己该努力的方向，作为演员，他的本职工作就是演戏，为了成为优秀的演员，他在演艺道路上用近乎痴狂的执着和热情去诠释什么是戏剧表演、什么是演员，最终获得人们的认可。

人们常说，二十来岁的年龄，正是爱幻想也充满着实现可能性的年龄；只要安排好自己的时间，充分驾驭自己的时间，那么就能将时间用到点子上，就可以实现自己的人生目标。

年龄从来都不是什么分水岭，只要你肯认真地安排自己的时间，能够真正用好自己的时间，妥善地做好规划，年龄从来就不是阻碍，阻碍你前行的只是懈怠与懒散，只是不愿用心、不愿规划的心而已。

试着去给自己的人生做一些调整吧，试着在懂得年龄的价值的时候，去认真规划自己的人生吧！人的一生并没有多长，转眼一年又一年过去了，所以，努力一点，为了可以让年龄成为助力，为了让以后的自己更喜欢现在的自己！

| 40 |

奋斗的路上有多少人在受着委屈、流着泪继续往前走

在我休年假的时候，灵灵又一次打电话给我，说：“我又想要辞职了，工作太变态了，我根本就干不下去了！”

因为这不是灵灵第一次说这样的话，所以我也是抱着轻松的态度跟她说：“不想做那就辞职啊，反正又不是找不到工作，或许辞职后能够找到一个更称心如意的工作呢！要不然，我替你跟领导打一个辞职报告吧，这样的话，还省得你惆怅！”

“去你的，我也就是这样跟你说一说，要我说，奋斗的路上，我们谁不是受着委屈、流着眼泪继续前行着呢！”灵灵在电话的那头叹气，“现实的生活没有想象中那样诗情画意，也没有电视剧里的主角光环，哪怕是有些苦，我们也必须要生活下去。没有资格多么任性，哪怕受了委屈，我们也要咬牙前行，不然怎么生活？”

是的啊，在奋斗的这条路上，太多的人都是一路受着委屈，说着要离开

的话，却还是因为种种原因在那条路上继续努力地往前走。原因并非那么冠冕堂皇，也并非有多么卑躬屈膝，而是对于生活的不得不妥协。

灵灵说："在我刚开始接手政法工作的时候，那时的我从来都没有想过，有那么一天，我会变成这样一个人——处理案子、研判信息到晚上两三点钟，不遗余力地撰写报告与汇报材料、搜集情报信息。多少次都说：去他的，再也不干这些鬼工作了，这样的工作根本就没有什么意义，这是什么事儿呀！根本就不符合我心中的生活哲学！"

"可是，我却在干这些工作的时候获得了我生活必须的东西，比如获得了一个比上不足、比下有余的月薪，获得了在这个行业中佼佼者的地位，同时也获得了对自我的认可和对他人人生的个中滋味的领悟，哪怕在工作时被批评、累到一沾枕头甚至趴在电脑前就能睡着，我会烦躁、会好想哭、好想骂人。但是，转念一想，这是我的奋斗之旅啊，我自己选择的人生，我就该对我的人生负责。我有好多次都想放弃，可是都没有放弃，我如果放弃了工作又能够给我换来怎样的生活呢？我的生活又是否能够变得更好？我不知道。因此，我会比较期待在这条路上一直努力，努力地让自己成为一个更加有意思的人，能够让自己担负起更美好的人生。不害怕路途有多遥远，因为始终有个方向；不担心自己会被替代，因为自己一直在追求做到更好！"

"或许，真如别人所说的，如果累了，那就可以换一个别的工作试试，然而，这只是我们自己的一种想法，工作哪有那样随心所欲，谁不是流着眼泪、受着委屈，然后一步步地长大成为自己认定的神奇女侠？谁又不是在经历了人生的苦痛之后才真正找到人生的快乐？有谁能够保证自己下一份工作就不用受委屈？又有谁能够确保自己下一份工作就是自己喜欢的？所以我珍惜自己的工作，哪怕抱怨，也要珍惜。”

我欣赏灵灵对待奋斗路途的态度，因为她清楚地知道，无论做什么事情、从事怎样的职业都有需要走的路，都有该操的心，谁都不可能在工作的过程中，那么轻轻松松地获得认可、收获好评。谁都是一步步地走来，抱着打掉牙齿和血吞的信念一路走下去的，没有谁能够例外，没有谁可以一直都轻松自在。奋斗的路，怎么可能让你那般自由自在？

最近，跟着弟媳看了《我的前半生》，我们讨论时一致很喜欢剧中的闺蜜唐晶，喜欢的理由却不同。弟媳是羡慕罗子君能够有这样要好的闺蜜，能够为她冲锋上阵；而我喜欢她的理由是她清楚地知道自己身为女人参与雄性竞争需要付出的代价，并为此不断努力，不给自己的失败找借口。她并非在工作中遇不到问题，也并非没有糟心的事情，但她哪怕作为高层，也不松懈自己的工作，哪怕发烧了，就算是把工作搬到家里去做，也要尽善尽美地完成工作任务。她拎得清、看得准，能够看到自己的方向，哪怕哭过，也是默默地擦掉眼泪，转身又是一个无坚不摧的唐总。

没有谁的奋斗之路不是踏着一路荆棘前行的，只是有的人成功了，大家看到了他们光鲜亮丽的样子，就忘却了他们在奋斗过程中洒下的泪水、汗水和血水；有的人还在路上，不知道前路是怎样的，想忍住哭泣、忍住伤痛、放下执念，可是一不小心就流了泪、受了委屈、伤了心，以为自己一不小心就被拍倒在岸边。然而，好多人都是默默地给自己擦干眼泪、上了伤药，哪怕一瘸一拐也不断地前行、不停地往前走，用自己的行动，兑现自己对于奋斗的定位。

我们一同工作的小伙伴们，都习惯性地把每一次的聚会当作一场吐槽会，吐槽工作的辛苦、制度的不给力和那些貌似怎么商量、教导都无法与你同心的同事们，言语中感觉心好累，觉得完全没有爱了。但是吐槽结束后，大家就开始琢磨怎么样把自己的工作效率提高，作为领导者该如何转变工作思路与方法，又该怎样让自己的生活变得更有意思，让自己的这段奋斗之路不那么无聊。一群人似乎斗志昂扬，气氛就会莫名地变得与先前完全不一样。

这或许就是成长奋斗之路带给大家的转变，让大家知道哪怕辛苦，也要继续干下去，哪怕有时候会很累，也不能松懈与麻痹自己的神经，需要认真地思考任性与责任之间的关系，并将这份思索转换到奋斗之路中，让自己能够更快、更好地实现自己的奋斗目标。

| 41 |

婚姻中的那些事无非是大家在各自博弈

到了 25 岁，身边的同学、朋友陆续结婚了，过年的时候，很多大人看我们姐妹三人的表情就像看“嫁不出去”的老姑娘一样，我们时常被问：“什么时候带一个好女婿回来给你爸爸瞧一瞧啊？宝马奔驰应该不在话下吧！别每年过年都来你爸爸家吃过年肉呀，也该让你爸妈去女婿家吃吃肉了！”

我们姐妹三人聚在一起，总会不可避免地说起这个问题：婚姻大概是能够改变我们人生的一个重要环节吧，不然大家为什么要结婚，去过为了柴米油盐而折腾的人生，做好多好麻烦的事情？

我们在爱情中期待着婚姻，而后把自己锻造成一个急切地想要进入婚姻的人，把同自己交往的人尽快打造成一个更适合做自己未来丈夫的人。然而，那副急切地想要进入婚姻、想要用婚姻来改变自己人生的姿态实在是丑陋不堪，让人敬而远之。

婚姻真的能够改变人生吗？结了婚，真的就能够让自己看到未来的可能性，就真的可以让自己那挫败的人生得以改变吗？看着一个个朋友、同学、发小进入婚姻的殿堂，我常常这样问自己，也问别人。大家的想法都各不相同，人生境遇也各异，因此给出的答案也不尽相同。

遇到发小小玉是在一个二十一天轻课集中群。因为机缘巧合，我比她先进一个微信群，群里的人我基本上不认识，她进来群中有小提示，我一看，这是一件很神奇的事情，竟然我们的英语口译者来了这个群，赶忙切入私聊。在私聊的过程中，知道了原来婚姻能够打败人的骄傲，也同样可以再次焕发人的精神。

小玉是我们一起长大的人中最早结婚的，她英语过了专八，有着极强的英语口译能力，还未结婚，便在一家外企公司干着我们好多人羡慕的工作。因为家里经济无法支撑她去国外留学、参观，所以在毕业一年后，她遇到了一个能够让自己有所成长的、比自己大近十岁、对自己好的男人后，果断地嫁给他。结婚后，小玉面临着要生孩子、照顾孩子的问题，因为自己的工资比丈夫的少太多，所以，两人商量后，小玉辞去了工作，承担起了照顾孩子的责任。

一连二胎，连续四年，她没有参加工作，生活上的费用全是丈夫支付，因为丈夫的工资完全承受得住，因此夫妻两人基本上没有什么矛盾。只是小玉越来越觉得自己似乎缺少了什么，越来越觉得自己除了照顾孩子，给孩子洗衣、做饭、围着孩子转以外，什么都不会了。曾经那个优秀的英语口译者，在再次拿起英语教材时，竟然好多单词都不记得是什么意思了，读起来竟然也磕磕巴巴的，完全没有一丝当年风采。

“我觉得讽刺极了，我曾经的梦想是有那么一天，凭着自己所学到的英语，走遍所有的英语国家。可是，就是结婚四年而已，我竟然把自己赖以生存的技能都忘记了。婚姻真的是能够改变我的人生的，它把我的骄傲给击碎了，它让我看到了自己的不足和懈怠，我竟然变成了一个一无是处的废材！然后，丈夫回家的时候，我冲着他哭了，我说我不想变成这个样子，我不愿意自己的人生就因为一场婚姻而变得这样残破不堪，哪怕是结了婚、带着孩子，我也要有自己的日子。”

所幸，她的丈夫很懂她，也支持她的想法，在孩子都能够上幼儿园的时候，他们将孩子送到了幼儿园，小玉也经过半年的继续学习让自己达到全盛时期的80%的水平。她继续进了一家外企，开始了忙碌的一天又一天。

当她开始重新拾起自己的英语后，她带着丈夫一起去了伦敦等地，在那些地方她能够帮只能充当哑巴的丈夫做翻译，真正朝着自己的目标迈进一步。

她说：“婚姻其实不可怕，那些柴米油盐或许能够改变我们生活的轨迹，让我们不得不去选择、不得不去面对个中复杂、麻烦的事情。我们或许会被婚姻这场博弈给打败，又或者仅仅是一场婚姻来见证我们的再次失败，可是只要认真地进行这场博弈，我们未必会输。”

小玉是在婚姻中发现了问题，能够从自身找原因，并努力把影响自己发展的东西割舍、调节，让自己能够更好地做该做的事情，在婚姻中找到自己最终的出路。可是婚姻这场博弈，总有人失败。

碰到萧萧是我去公安局送材料时，她一脸颓废的样子从对面的律师事务所走出来。萧萧告诉我，她来找人咨询离婚官司该如何打的事情。我诧异地看着她：“你竟然要打离婚官司？怎么忽然要离婚？”

萧萧说：“在这场婚姻中，自己失去了太多的东西。没有想过自己将来的人生继续跟老公在一起能够获得什么，老公甚至都不会再是自己的老公了。自己的婚姻是一场来见证自己再一次跳入漩涡的过程，是让自己更加狼狈不堪的过程，那样狼狈的日子，自己再也不想要过了！”

萧萧的婚后生活可谓是完全脱离了真正的生活，她花着丈夫的钱，养着自己喜欢的狗，哪怕自己的丈夫很想要孩子，她也在追求瘦的路上一路高歌。因此身体一直都不好，怀上了孩子又不知道什么原因流产了，当她的身体已经完全不能再经受一次那样的打击的时候，她发现自己的丈夫和别的女人勾搭在一起。她忍着没有说出来，她希望自己一次次盯着丈夫的手机，丈夫就会回到自己的身边，就能够恢复到在一起时的日子，然而并不是。两个人一直因为个中小事吵架，最后两人真的分崩离析，萧萧又变回了一个人居住、一个人生活的邋遢日子。

“我好讨厌我老公的，他说了我可以没有工作，我可以什么都不用做，他能够给我带来很好的物质享受和精神支柱，然而他却食言了。他根本就是个渣男，我怎么三年前没有看出来，我太傻了，真是太傻了！”

到了最后的最后，萧萧还在怪他人，尽管在他们这场婚姻中，她的丈夫出轨了，两人踏入了要离婚的境地，这是应当被责备的。可是，作为妻子的她也同样需要批评。婚姻这场博弈中，并不是说谁一定就离不开谁，不能把自己的另一半当作是供养者，自己想要获得的东西，必须自己努力去争取，这才是真理。婚姻到底能否改变生活？又将如何改变生活？或许我们每一个人都有着不同的理解，可是，无论如何，人需要做足充分的准备以后再迈入婚姻的殿堂，做好婚姻里的博弈，体体面面地、幸幸福福地开启婚姻携手之旅！

| 42 |

不能怕身无分文，该担心的是你错用的时间

丽丽给我打电话求助时，我正伏案准备第二天党校讲课的课件。丽丽是我的老朋友，我们的友谊从两人很小挂着邋遢的鼻涕水时就开始了。两个性格迥异的人能够在这样快节奏的时代中维持这么长的友谊，不可谓不是一个奇迹。

“妞儿，我已经山穷水尽了，此刻正需要你的帮助，给我支援五万元吧！”丽丽没有过多的废话，直截了当地阐明了来意。

“什么时候要？怎么个山穷水尽了呢？”作为一个政法工作者，我的职业习惯便是追问。

“前不久的一个投资项目萎了，我的全部身家都砸进去了，已经揭不开锅了，现在还想要继续跟进，否则就真的一点儿也没有回旋的余地了。”丽丽不知道在咀嚼着什么，对我说着。

“不怕再次身无分文吗？”我试探着问道。

“怕啊，但是不能怕，不然怎么会有勇气去闯，去积累经验和财富啊！”

丽丽说着，“毕业以后，身无分文的时候可还真的是不少呢，不过，我认真地分析了自己的时间，在什么时间做什么事情，所以，没什么坎是不能过的！”

是的，丽丽毕业以后，我见证了她许多个身无分文的日子，见证了她的狼狈与沮丧，也见证了她的努力。作为金融专业的优秀毕业生，她离开学校的第一份工作是在一家银行工作，按道理来说，那是一个让许多人都羡慕的工作岗位了。工作并不忙，也不用东奔西走，穿着体面，工作简单，虽说工资并不能与赚月薪百十万的人来比，但是相对许多的工薪阶级和许多大学应届毕业生来说，那真的算得上是不错了。

可是，丽丽在银行待了大概半年时间，就跑出来自己创业，开启了自己带团队的生活。她去拉项目赞助，做网络平台推广，她去投资股票证券，以此来累计更多的财富来推进自己团队的建设。

她生活中的每一天都计算着过，每个时刻需要做什么事情，每个时间点需要给自己补充怎样的养分，每一个时间段自己需要增进哪一方面的技能，她都习惯性地进行查漏补缺，习惯性地让自己的每一个过去成为一个更有意义的过去，习惯性地让自己的每一个前行的步子都走得更扎实，就像抓铁有痕、踏雪有印一般，必须让自己学有所进。

我们身处不同时区，两人之间有着时差，在她刚开始带团队的时候，经常北京时间两三点打电话咨询我关于证券法和商法的内容，我们一探讨就是一个小时。可是渐渐地，她打电话的次数少了。一次我问她：“你最近怎么都不问我证券法和商法了呢？”她乐呵呵地对我说：“我现在已经把证券法和商法中许多需要的东西融入了脑子里，要用的时候，一下子就可以导出来，实在不行，我再来找你。要不然多浪费你的时间呀，时间可不能和钱比，时间宝贵多了，我就算是身无分文也不害怕，但是我怕没有时间！”

她的座右铭是：我的时间是 7 × 24 小时计算的，一分一秒都不能浪费，不怕没有钱，就怕没有时间。她总是能够把自己的时间用在刀刃上，同时也能懂得如何为他人节省时间，在尊重自己的时间的时候，也懂得尊重他人的时间。这给她和她的团队赢得他人的信任栽培了种子，也给了她更强大的信念让她在对的时间里做更多对的事情。

她带着女汉子的强大内心，带领着她的百人团队走上了一个新的领域，年薪百万不算什么，她总是在不停地刷新着我对于她的认知。我知道，我给予她的支援只是杯水车薪，她对自己的时间与精力时刻有着一个清醒的认知，明白对于自己而言最重要、最遗憾的事情是什么，所以她才会不在意那些外在的、她可以凭借自己的能力拿回来的东西，比如金钱、物质。

我们生活中有太多的女生，担心自己身无分文，担心自己没有经济的支撑会在这个世界上活不下去。可是太多的女生没有看到，在这个知识变现这样丰富的时代里，唯有你认识到于你而言什么是最核心、最关键的成功条件，才能真正地实现自己的“高枕无忧”。

我们每个人所拥有的时间都是有限的，不要错用了你的时间，不要将你的时间用在无用的事情上，更不要伤春悲秋。要让你在有限的生命中，做出更多的有意义的事情，要让你能够在你有限的时间里创造出更多的价值。这样的话，你永远都不会担心自己身无分文，因为你总有能力将你的一身本事创造出财富，怕就怕你根本没有办法将自己的时间用在正确的地方。

不要害怕自己身无分文，你该担心的是自己是否浪费了时间。光阴总是无情地流失，每一个人都不会再有第二次生命的经历，每一个轮回都是唯一的起点和终点。对于正在努力奋斗，想要为未来的自己创造出一片新天地的你来说，应当珍惜当下的每一分钟，用以充实自己，用以将自己的生活变得更加精彩，而不是在担心身无分文应当怎么办。

若是你真的用好了你的每一分钟，那你就不会出现身无分文的时候。你的技能、特长、投入、创造都会给你带来不同程度上的增值，而你根本就不该为了此刻自己的困顿而懊恼，因为财富也是“长眼睛”的，它也会通过各种方式来旁敲侧击你的所有。

去尝试做更多的能够让你的时间变得更长的事情吧！世界上这么多的有意义的事情值得你去尝试，值得你用你的胆识、智慧去获取。你应当明白，从来都不会有所谓的身无分文，只有你不愿去充分利用你的时间。

真的要去尝试，不要害怕身无分文，去审视你的时间去处，去用你有限的时间做更多你该做的、能做的事情。不要怕出错，你该成为你自己的骄傲。

| 43 |

有些事情，哪怕用呆板的方法也可以做到极致

上个季度的新闻信息稿，我们单位又在全市区各个单位中名列第一，单位领导很高兴，加大了奖励的额度，说是要对投稿积极的几个人员进行二次奖励，并将她们纳入到新闻信息撰写的重点培养范围之内。

接到领导的指示，我去核对了投稿积极的人员，发现整个第二季度中，爽爽投稿最多，基本上占到了全部投稿采用量的80%。爽爽是一个新入职的人员，到单位也就半年，半年的时间里，成长得那么快，我不禁想要问一问她到底有怎样的密招。于是，在拟好奖励文件以后，我去找了爽爽，问起她关于写新闻稿被采用的秘方。

爽爽听到我的询问很吃惊，同时也很讶异，我作为前辈竟然问她有没有秘方，她腼腆地摆摆手，说道："姐，我写新闻稿都是你教我的，当时我来问你的时候，你不是跟我说的吗，先模仿、再起笔、后创造。我用了三个月的时间来模仿，去看别人是怎么写的，去看你们以前中稿的信息是怎样的风格，去

研究每一个新闻网站的不同风格和取向；然后对症研究，模仿写作的思路，就像你说的那样，刚开始去尝试，不要害怕失败，失败是肯定会有的，勤加练习，就一定会有成果的；然后，就像姐你说的那样，我每天都在研究怎么写信息，每天都认真地做这样的事情，然后让我的事情做得更加像样。三个月的时间，我其实就是在不停地模仿，我不敢停，因为我害怕一停下来，就真的没有再继续的激情了。虽然这三个月只中过两篇稿子，还是被姐你修改过的，但是后来我起笔开始写的时候就有了自己的新闻稿思绪，开始能够真正地写出自己的信息稿，所以第二季度的信息采用量一下子就上去了，而且上升得飞快。”

“我只是在用很呆板的方式努力地去做，竟然发现自己也可以用这样呆板的方式把一些事情做到极致，这让我很开心！”爽爽笑得很欢快。我也从她的语气中感受到了她的那种喜悦，她让我明白了这样的道理：有时候，有些事情，哪怕用呆板的方式去做，只要认真地按照呆板的方式中的步骤一点点地去做，也是可以做到极致的，怕就怕人们会半吊子，怕就怕人们总是企图去寻找捷径，而不是认真地去做。

7月中旬，小优微商公司第二季度的个人销售冠军和团队销售冠军的业绩榜单出来后，大家对个人销售冠军的英子姐姐是完全陌生的。公司为了激励大家，特意安排了一场线上联合分享会，在这场分享会上，大家听到了英子姐姐的声音，也明白了为什么这个世界上，有些人明明并不比自己有才、并没有多少优势，却能够在做一些事情的时候，比自己做得更好，能够做到极致！

英子加入小优微商的时间并不长，刚开始她只是想要用这个产品改善自己，却在享受了它带来的好处之后，开始真正地做起了代理。之所以所有的人都把英子叫作英子姐姐，原因是英子确实是所有代理中年纪最大的。她今年已经 56 岁了，是一个退休状态的休闲人，她所在的城市是一个三线城市，因为一直以来是一个公司职工，也换过不同的岗位，因此，她的人脉相对来说算得上挺广。然而，作为一名微商，严格意义上来说，她甚至是不称职的，因为在她加入小优时，她甚至都未曾在手机中安装微信，也不曾使用过微信，更不用说掌握微信的语音聊天技能、会发各种各样的朋友圈。

在分享会上听到她的声音的时候，大家都惊呆了，不是因为她的声音有多好听、普通话有多么标准，而是她完完全全就是一个连做个线上没有人打扰的分享都会紧张、普通话也特别糟糕的人，让人一听她的说话就能够感觉到这个人在现实生活中做事肯定是那种并不利索的人，而她的分享也恰恰就印证了这一点。

她说："为了这场分享会，我专门写了稿子，我现在是对着稿子在念，因为我会紧张，我在现实生活中也是这样。我不聪明，只能用最笨的方式去努力做些事情，我会听每一场关于营销的知识干货分享，哪怕我需要用更多的时间来消化它们；我不怎么会使用微信，但是因为我们公司是主打微商领域的，所以我申请了账号来学习；咱们的营销总监说要不停地去做一对一的沟通，要能够把自己的产品告诉别人。可是我的微信没有几个人，所以，我按照方法，将我以前的同事、同学、客户、邻居、亲戚、朋友的号码都一个个地抄在了自己的笔记本上，然后一个个地去打电话，和他们聊天，闲话家常或者聊产品。我用了三个大大的笔记本记录了所有我打过电话或走访过的同事、同学、客户、邻居、亲戚、朋友以及他们的喜好，记录了我和他们聊过的主要内容，是否提及产品、是否有想要购买这些产品的人、是否有心动的情况。我很笨，所以只能用最原始的方法来做这些事情。做完以后，我发现其实每做好一件事情，每发展一个客户，我都是一个大大的进步。不知不觉，几个月过去了，我也有了长足的进步，竟然在不知不觉中，我取得了第二季度的个人销售冠军的好成绩。”

“这或许是上天对我的补偿，不过我向来相信勤能补拙，哪怕我用再呆板的方式来做，只要我用心在做、努力在做，那么，我就能够把这些事情做好。就像你们看到的，我只是按照最基本的要求，每天做着重复的事情，努力地去做好，就真的做到了！”

“我觉得很多事情，其实就是一个自己与自己较劲的过程，不需要多么华丽的思考方式，只需要咱们能够将最原始、最呆板的方法，一步步、一点点地去落实，就能够把事情真正地做到最好！”

英子姐姐分享完了后，各个团队的人都有了他们自己的讨论，大家集中讨论的关键问题是你是否在做事情的时候，哪怕最呆板的办法也认真地去做、听话地去做，哪怕它的效率不算是最高，但是却能够在积累沉淀之后，让你保持最好的状态？大家一致肯定了哪怕最原始、最呆板的方法，能够将事情做到极致就是最棒的方法。

所以，我要说，不管世界怎么变化，有些事情，哪怕是呆板的方法也是能够将事情做到极致。因此不要小瞧那些费力的办法，它或许是能够让你通往成功之路的阶梯。

| 44 |

过去的承接现在的，未来你得好好的

“我不知道风将要吹向何方，可是，我看到了风来的方向，我没有选择了，只有奋力迎着风走，或许走着走着就走到想走的地方了。”馒头姐在群中做分享的时候，用这样的一段话结束了她的分享。想到她分享的故事，我竟无端地肃然起敬。

馒头姐，之所以被群里所有人称作“馒头”，是因为她刚开始进入群里的身份是一个卖馒头的商贩，怎样变成卖馒头的呢？最初她也过了一段悠闲自在的日子，可是丈夫被朋友坑了，做了一次血本无归的投资，让她家一下子陷入了困境。丈夫没法振作起来。她想到了自己的手艺，没有办法让自己从别的地方赚到钱，只好用最简单粗暴的方式去赚钱，哪怕辛苦一点、累一点，也无所谓。

然而，作为一个曾经也想过用一种更优雅的姿态面对生活的人来说，蓬头垢面地起来开始一天的劳作对于她来讲也是一种折磨，因为哪怕她赚到了一些钱，能够开启自己的生活，在完全没有输入新鲜东西的时候，她根本就不知道自己的未来会是怎样，她不想自己就这样苍老下去，于是她以一种想要改变自己的心态加入了我们的交流学习群。

在群中，馒头姐很少发言，就算是发言也很少有对于生活的浪漫想法。她说：“被生活打击过的人，并不会有那么热络的情绪去让自己想方设法地活络一些人、一些事。会通过过去的东西反思现在的生活，也会透过现在的生活来展望未来的导向。”

馒头姐在做分享的时候，她已经开始了自己的全新生活，馒头店已经盘给别人了，她开启了一项需要她构思文案、与人交涉、认真盘点的事业。开启一个事业并不是多么容易的事情，她需要不断地通过书籍汲取创业的技巧和销售的经验，也需要不停地将自己所学用于实践中，让与她交涉的人能够明白她的意图。同样的，她还得塑造一个自己鲜活的形象，让她能够在新生活中获得重生，并让接触她的人倾于她的人格魅力而愿意支持她的事业。

“我知道我以前过得一塌糊涂，所以才会有糟糕的现在。可是在认清现状之后，我必须要努力改变才行，我的未来，必须得是好好的才可以啊！”

所有的人都知道过去的会承接到现在，而现在的也会延展到未来，要让未来能够好好的，必须从你知晓的每一个现在开始变得不那么迷茫，必须从你清楚的每一个此刻开始明白自己该走的路在何方。

在这个世界上，远山远处总有许多风景，或为美景，又或者是不为人知的奥妙，等待着我们去探索、去求知。有的人会因为过去的错误而抱怨现在，有的人会因为此刻的不消停而忽视前方的不可预期。变化总是有的，只是所有人都不曾真正地在意每一个此刻，不曾改变，如何能够获得不一样?

在我老家,有一个邻居家的姐姐,姑且叫她小风姐姐吧。她出生于1984年,按照老家三线城市的生活标准来说,应该也算得上是赶上了一场时髦,是最早能够接触电脑、利用互联网发家致富的一代人。可是小风姐姐并不会用电脑,甚至连下载输入法练习打字对她都是一件难事,更别提什么利用淘宝开店做生意了。

三年前,我的比她小两岁的姐姐淘宝店生意如火如荼的时候,她也曾在我回老家的时候问过我:“你姐姐的淘宝店是怎么开始做的?需要很多技术的东西吗?是不是只要联网就行了?”

我很仔细地跟她说了关于淘宝开店的程序和需要注意的事项,随后告诉她:“看上去好像挺难的,实际上并没有多难,你看保平哥哥用了两个月的时间,也把电脑学会了,并学会了一套淘宝开店技巧,现在的店也开得不错!”

小风姐姐很是心动地说:“对啊,我觉得也该把电脑学起来,慢慢地学,然后应该也可以开一家店。我不求赚多少钱,够我的生活开销就可以了……”

我时常会有这样的想法:一个想要通过自己的努力来获得经济独立的人,总会想方设法地拥有改变自己的技巧和时间,让自己不断地充实,并最终获得自己想要的结果。而如果一个人对于自己是否能够跳出自己的圈子无所谓的话,那么她最终跳出圈子的可能性也并不会太大。而事实也常常印证了我这个想法的准确性。

小风姐姐只是口头上说想要改变,可是她从来都没有真正地行动过,一年又一年,我回家都不曾见她学习电脑知识,也不曾见她研究如何去开店。她反而是跟着一些四十多岁的妇女们玩起了扑克牌和麻将,嘴里时常还会因为一次输了钱而吐出并不雅的词句，一下子不再像是一个“80后”了，活生生地将自己活成了农村老太太的样子。

一次，我问：“小凤姐姐，你不是要学电脑开网店的吗？怎么不去学了呢？不准备开网店了吗？”

她回答：“我们年纪大了，以前就没有接触过电脑，一点儿基础也没有，现在去开店，不就是把钱白白地扔进大海里打水漂吗？我还是不要冒那个险了，就这样踏踏实实地过自己的小日子算了……”

人若是自己不振作起来，那么就根本不可能有所改变。很多时候，人总会羡慕别人所拥有的东西，觉得要是自己也能够有那该多好。可是，大部分人愿意躺在床上做梦，而不去想想怎样做才能让现在的自己更好地弥补过去的不足，而后让将来的自己能够收获惊喜与幸运！

过去的是会承接到现在，可是每一个当下却是延展向未来的可靠支柱。人生没有那么多的时间去荒废，意识到了现在不足就该努力去弥补、去改正，让未来可以好好的！

| 45 |

带着泪、带着笑去前行，总会柳暗花明又一村

人们常常说，毕业季是分手季，即便有的熬过了毕业，也熬不过毕业后东奔西走的现实。在毕业后的大概半年左右，闺蜜想想经历着她人生中的一个重大的爱情动荡期。她给我打电话来时，我正在参加维吾尔的双语培训班，我甚至还来不及问话，就听到手机那头传来颤抖的声音：“我分手了，这次是真的分手了，这次真的没有以后了……”

一句短短的话，像是用光了她所有的力气，她开始哭泣，我握着电话，听着她的抽泣声，那一刻，很抱歉，什么也做不了，只能听着她哭。等到她哭累了、平复了心情，我说：“亲爱的，以后不哭了哈，还没有到穷途末路的时候，你很好，值得更好的人好好对待！”

“我害怕没有那样一个更好的人了，我害怕自己遇不到一个更好的人。你说，为什么就是因为父母的反对，我们就要分开呢？”她说着这话，又开始哭泣。

要我说，其实没有所谓的父母的反对，只是不够爱、不够执着。但此时此刻，我不能说这样的话。“大概缘分不到，不要怕，你会遇到好的人的！”我想安慰她，尽管词穷，我知道或许她想听的并不是安慰，而且也并不是要如何去调试内心，只是一种发泄。但最后，我只能听着电话那边的她哭泣、不停地哭泣。

于我而言，在感情的世界里，从来就没有穷途末路，有的只是是否入了眼、进了心，是否真的有了该去珍惜的人，又是否彼此之间真的合适、真的能够为了彼此努力一把，是否能够坚持到最后。这一个不行，漫漫人生路上，遇到的形形色色的人还有很多，总会有人陪你享受爱情，一起携手同行。

在分手后的好长一段时间里，我们都会分享彼此的感情生活。她每次相亲都会告诉我，每一次相亲过后，更有除却巫山不是云的错觉了，她问我：“我是不是不该主动提出分手？总感觉现在的自己已经穷途末路了，没有办法再选择其他的路了，我不知道自己还能坚持多久，我想恋爱了。”

很多女孩子在分手之后去相亲会觉得物是人非，觉得看什么都不顺眼，怎么看都不能找到自己的归宿，以为自己到了穷途末路的地步。可是，为什么你们看不到那繁花似锦呢？换一种角度来说，于相亲时认识那些人，扩大了你的朋友圈，给你新的见识，这大抵也算是另外一种幸运吧！

在大约相了二十多个男生后，忽然有一天，想想在朋友圈里公布了她的恋情，她告诉我：“我恋爱了，这次是真的不用患得患失的恋爱了，感觉很正，觉得他就是我要找的那个人了，感觉找到了那种被疼着、宠着的感觉了。”

她给我发来了他们的聊天记录，并说：“真的没有什么穷途末路，在我都要放弃的时候，最终迎来了他——各个方面都让我很动心的他，大概这算得上是我的福气。”

我仔细且认真地看了他们的聊天记录，很好，心里总算是放下了一块石头。虽然言语不能代表什么，但是一个人如果连言语都不舍得对你付出，就别提行动了。想想后来与她的男朋友计划着什么时间见父母、结婚、生孩子，一起去了好些地方旅游，真正地开始了两人的幸福之旅。

世界不会辜负每一个认真对待生活的人，哪怕此刻有些山穷水尽，哪怕此刻已经感觉到无所适从，只要坚信努力地生活、认真地期待，人们总能获得自己的美满人生。你看到苍凉的时候，也该要通过努力期待着郁郁葱葱。

艳子着手司法考试时，被法律条文和绕过来绕过去的人物关系弄得死去活来的，她在做了几套模拟题后，看到满卷子的红叉，愤愤地对我说：“姐，我决定了，不考司法考试，按照我这种学习效率，绝对过不了司考的，别说360，就算是300，我也不可能达到！”

“现在不是还是12月吗？还有9个月的时间，你都进行了一轮复习了，现在不会做的题目，说不定过了两个月就会了，你有大把的时间，为什么要担心过不了这场考试？”我反问道，要知道司法考试是每年9月的第三个周末，而此时此刻只是12月中旬，还有9个月的时间能够学习、成长，此刻的那种失意和打击算得了什么？就值得此时放弃吗？我很不赞同艳子的想法，但也不愿意干涉她的选择，只是很理性地分析了她按照现在这种状态复习后，拿下360分应该没有多大的问题，于是我丢下了一句：“你若是放弃，那就不用和我再多说什么了，我不会再同你解释这些。”

因为过年以后就不在同一个城市里，艳子在新的一年里也并没有多少动态，我也没有刻意去跟踪她的情况。可是11月，我看到了她晒出来的成绩单403分，拿下了司考。打电话过去，她接着电话，喜极而泣：“姐，我走走停停了很多次，好些时候都想找你，可是，你说了希望我不放弃，我害怕你说我，所以我又咬牙坚持了一会儿。在做不出题目的时候，我都觉得好像前路已经完全被堵住了，可是，不再继续走下去，我觉得不甘心。虽然走下去会比较累，但是我也不愿意放弃自己的选择，所以一天一天地，我就这样走下来了。现在觉得真的是‘山穷水尽疑无路，柳暗花明又一村’了。”我为她的坚持感到高兴，同样也为她能够在沮丧、绝望的时候不放弃自己的追求感到高兴。

在我们行走的过程中，很多人走着走着就掉了队，掉队的原因各种各样，大多数人都是因为害怕前路漫长、害怕那些未知的事情带给自己的恐惧。有时候，我们或许不能将所有的一切都做好，但若是我们相信“山穷水尽疑无路，柳暗花明又一村”，或许我们能够更接近幸福的彼岸。

不要恐惧在通往幸福路上的那些失落与挫败，所有的痛苦会在获得幸福的那一刻变得那样渺小，会觉得痛苦不过是因为你此刻还没有能够拥有美好的本质，在你坚持做好自己的时候，你也就拥有了幸福的可能。

不要害怕在前行路上遇到拦路虎，所有的拦路虎都只是让你能够深刻反思此时此刻、此前自己曾经犯过的错。你若未被拦住，那么你会看到不一样的风景，因为在经历了泪水和汗水之后的收获，会让你倍感弥足珍贵。

不要担心在奋斗的途中会出现困难，人总会有失意的时候，总会经历苦难。但是所有的苦难与挫折都不该是我们放弃前行的借口，哪怕逆着风，也要让自己认真地活出自己的色彩，让自己能够拥有更美好的人生出路。

| 46 |

在风和日丽的日子里，做喜欢的事情

好长一段时间里，我的生活中只剩下工作。我将自己锁在办公室与宿舍，我不停地用工作来麻痹自己，用工作来让自己开心一点。然而，哪怕工作到凌晨两点，一旦停下来，就会想起好多让自己感到难受的事情。一个又一个失眠的夜晚，我觉得自己快要崩溃了。

我拒绝周末休息，每天将自己的日程表排得满满的，一连好几个月都没有休息。又到了周末，领导对我说："小唐，该休息休息了，别把自己逼得太紧了，你看你最近脸色差得不行，去休息休息吧！"

听到领导的话，我一时有些无措，停顿一会："我可以不休息吗？我不想休息！"

"不可以，你必须休息了，懂得调节生活才能更好地工作，你这样下去，身体吃不消的！"领导将我推出了办公室，说道，"允许你这周休息两天，你好好想想自己喜欢做什么事情，在这风和日丽的日子里，是该去做做喜欢的事情的！”

我抬头看天，是的，四月的天，原本是新疆的沙尘天气，可是，最近的天却看上去那样亮。蓝天白云，看着就让人心情大好。在这样的日子里，的确不该辜负时光。回过头去看自己这一年的整个春天，发现自己忙碌了那么久，好久没有开心地笑了，我都快要忘了自己究竟该做什么、该成为什么样的人了。

我走回宿舍，边走边问自己，今天我能做什么、要做什么？到了宿舍，看了看房间有点乱，好长时间都没有整理自己的房间，想当初，我那样精心地把单位配的宿舍当成是自己的家，一点点地布置，让它看上去特别温馨。可是后来，我开始把它当成一个旅馆，早出晚归，就不再愿意打理我的房间，任它凌乱，任它变得像是一个真正的旅馆。

我着手收拾自己的房间，摆放好每一个小物品，让他们看上去真的很精致。而后，我开始洗衣服，将堆积在一起的衣服，还未来得及清洗的冬装、鞋子全部拿出来晾晒，那些想扔却来不及扔掉的衣服，全部拿出去扔了。清理工作做好以后，我发现宿舍又变回了自己曾经期待的样子。坐在长沙发上，我思考自己到底该做些什么，才能不辜负这大好时光。拿出手机，点开微信朋友圈，看着朋友们丰富多彩的周末生活，我开始询问到底该做些什么来过这个假期。

微信群中有群友问：“又到周末了，大家想做些什么？我好久没有过周末了，感觉不知道怎么过！”我才发现，原来这个世界上不知道该怎么过周末的不止我一个。

很多人都有很好的建议，他们有人说：“周末去采风吧，春暖花开的，很美，可以拍出很漂亮的景色。”有人说：“可以去参加 xx 社团，最近有一个漫展，很刺激的，去试试啊。”还有人说：“练习 Keep，坚持运动，爬爬山、跑跑步，阳光明媚的日子就适合健身。”而我的英语学习小分队也在计划着周末要怎么提升英语、怎么练习英语，大家似乎都是干劲十足地想要在周末做自己喜欢的事情。

很多人对于生活都有着向往和期待，对于周末这样的休息日，都有着精彩的计划，好多人都清楚自己喜欢过的日子是什么样的，都明白不辜负好时光的意义。可是我却在一天一天的生活中忘记了生活最开始的样子，失去了思考自己喜欢的事情是什么的能力。我其实并非不知道该怎么度过自己的时间，而是我不知晓自己的动力在何方。

我找不到自己究竟该做什么，于是我穿上自己喜欢的运动风衣服，去了一家骑行俱乐部，和一群陌生人一起开始了环城 5 公里的骑行。我不认识他们，他们也同样不认识我，却在车队前行的过程中感到一种莫名其妙的快乐，似乎随着风、随着脚下的踏板，自己变得更加轻便。骑行结束后，一行 8 人互加微信，大家莫名其妙地笑了，好像有一种缘分将我们彼此莫名其妙地联系在一起。

我想，要是能够一直在一个风和日丽的日子里做自己喜欢的事情，或许只是加入某一个社团，又或许只是早起一点，看一会儿书，因为很多事情，不去接触，它会离自己越来越远。世界唯有融入才会更小，不管是自己独自一人，还是有其他人陪同一起，只要是自己喜欢的事情，只要自己有机会去做，尝试着做，做过之后，这件事情能够让自己稍微感到开心，那就该知足。而如果可以在认真做这件事的时候能够自己启发，那就更好了。

我打了好友婷儿的电话，让她出来和我一起去做美容保养，做一套全身按摩。我们躺在长椅上，此起彼伏地“惨叫”着。一系列保养做好后，我们一身清爽地出门，开始逛街购物，叽叽喳喳地说着最近的一些有意思的事情。结束了一天的闲逛以后，我们到了一家两人都喜欢的餐馆吃东西。一天下来，竟感觉非常充实，一身的正能量。

我想，趁着年轻，是该在一个风和日丽的日子做喜欢的事情，这样就不用考虑是否会有不测风云影响自己做事的兴致，只需要专注于这事本身，从而一点点地雕琢自己的生活，一点点地拥有更好的体验。如果可以更好地拥抱自己的生活，就该在成长的路上一点点地明确方向，看到那些美好的存在，然后用心去追逐每一次成长的可能。

如果有一天，能在一个风和日丽的日子里，安安心心地做自己喜欢的事情，那真的会美不胜收！如果你现在就在那样一个风和日丽的日子中，那么就尝试着去体验、去拥抱自己喜欢的事情。

| 47 |

好姑娘要整洁地用好自己的空间

在我干政法工作时，我的工作性质决定了我需要经常入户走访，到群众家中去调解矛盾纠纷、化解信访问题。刚开始我对于入户走访不是特别了解，可是走访得多了，我开始明白了一些道理，也清楚很多的时候，女主人的状态能够决定这个家庭的整体状态。

在走访一户人家时，因为这家比较偏远，又与村里的其他群众关系不好，因此村子里的许多人都不知道她家具体位置在哪里。当我们左拐右拐地找到她家的房子时，也被这房前凌乱的秸梗、砖块给惊呆了。她家房前有一棵桑梓树，因为是结桑季节，有风的时候，桑梓就随风掉在地上，一个个桑梓陷在地里，加上一些污水，一股恶臭便传出来。

随着敲门声，屋里走出来我要找的女主人，她穿着脏兮兮的衣服，一双不合时宜的毛拖鞋还破了一个洞，手指甲上全是泥。

走进她家院子，一股养猪场的味道扑面而来，我有些惊讶地问：“您家还养了猪？”她摇头：“没有啊，你怎么会这样问？”

我没有回答她的问题，询问她：“您今年多大了？年收入多少？家里有几个孩子啊？”她边往屋里走边告诉我：“我今年30岁了，没有出去工作，丈夫就在外面的建筑工地工作，自己就在家里给孩子做饭、接孩子放学，家里有三个孩子，一个孩子上小学3年级，一个上小学2年级，还有一个还没有上学。今天是礼拜天，他们都在家里玩，我们家的孩子不算吵，应该不会影响正事。”

走进她的屋子里，屋子里又是另外一种味道，夹杂着脚臭味和衣服的汗味。床就在进门的地方，上面的被子乱糟糟的也没有叠，屋里的凳子东一张、西一张地乱放着，上面还搭放着脏兮兮的衣服，鞋子更不用说，都没有看到成对的鞋摆在同一个地方。

我们来到她家的桌子前，木板凳上都是孩子吃过的零食，中午的饭菜碗还没有收，四月的天气，竟然也引来了苍蝇。她似乎有些局促，说道：“屋子里没有收拾，你们随便坐一下吧！我给你们找杯子，倒点茶。”

我连忙拦住她：“别忙活了，我们就来了解一下详细的信访案件的情况，您把情况告诉我们就好，我们给您登记好，做预处理。”

她絮絮叨叨地说了很多，我理好她的诉求和案件的基本情况后，就离开了她的家。走出她家门时，她对我说：“其实我想把这几棵桑梓树砍掉的，你看这桑梓掉得满地都是，太难看了。”我笑了笑，没有回话。

和我一同去她家的还有两名男同事，我们坐上回程的车子，两个男同事开始唠叨起来：“天哪，这媳妇要是我们家的，我绝对把她给休了。把自己家整得像个猪窝一样，那样的气味，也亏得他们家能受得了，还砍桑梓树，我看最该砍掉的是她的双手吧，反正什么事情都不干。”

我有些促狭：“你们怎么知道人家什么都不干，这不是还接送孩子上下学吗？不是还要做饭吗？”

“她家既然是女主内、男主外，那么她就该做这些事情。但是，问题是你看她家，根本就没有一个可以落脚的地方，那么大的空间，竟然弄得那么乱。而且，她家的味道，进门一种味道，后面一种味道，这样的恶臭味，就是她作为女主人没有好好地收拾导致的。哪有这样的女主人，她自己糟糕就算了，你看那几个孩子，有哪一个孩子穿得干净整洁！娶媳妇绝对不能娶这样的媳妇啊！”

“我如果结婚第一天知道她是这样的人，那第二天绝对会去民政局离婚的。我作为男人都不能忍受自己的房子这样乱糟糟，更别说一个家都那样乱了！”

虽然两个男同事的话比较糙，但是理不糙。作为一个女人，除了将自己打理好，还需要打理好自己的一方天地，若是有一个家庭，自己是这个家中的女主人，又是在男女分工中的女主内的角色，那么将家里屋外弄得整整洁洁、干干净净，就应该是分内之事。

好姑娘要懂得利用好自己的空间，要让自己住的地方整洁、明亮，虽然这或许会花一点时间，但却是好姑娘的一个门面。

不久前，我去朋友家的一个小型作坊，她是在做淘宝，放电脑的办公桌上放着各种各样的快递单、货物清单、杯子、零配件。看着她的桌子，我觉得有些乱，并对她说：“你这样的办公环境，心情会好吗？这么杂乱的办公桌，要找东西也挺难找的吧！”

她说：“哎，做淘宝就是这样的，一下子这个事情、一下子那个事情，我是没有时间整理这房间的。要是有时间整理的话，我肯定要把房子整理得利利索索的，一定不会搞得这样狼狈。”

“可你不是有员工做其他的事情吗？这办公桌上的清理，不是每天花个十来二十分钟就可以了吗？我在你这里的几天，听到你员工也天天在说屋里乱得很，从来没有见过这样乱的厂子，听起来可真的不是很舒服的话，你难道没有发现吗？”我问道。

“我现在是不管她们说什么，反正她们向来喜欢说三道四，我哪有那么多的时间和她们去计较？”朋友有些满不在意，我摇了摇头。

当人们对某些事情有意见的时候，如果不是一个人有意见，而是一群人都有意见，我们当事人就该考虑如何去甄别这些意见之间存在的问题，就该反思到底该怎样来调解、处理这些意见。虽然朋友是一个独自开办厂子的女生，有许多的事情需要她去处理，但作为女生更该将自己的空间整理得干干净净、清清爽爽。

好姑娘就算不一定要将屋子弄得一尘不染，也该将自己的房间整理得让人看上去就舒服，让自己处于这样的一个环境中能够感到开心，而不是在这个环境中觉得好像很糟糕。

在自己看来，乱糟糟的是环境卫生问题，可是，在外人看来，这却是你个人的品行素养问题。我们虽然做不到让所有人都满意，至少在将自己的空间利用好的情况下，让自己能够更舒服、更满意！

| 48 |

外面的世界，带着兴奋与感恩前行

多少人曾渴望拥有外出闯荡世界的资本，无所顾忌，自由地翱翔在外面的天地间；多少人曾期盼逃离原有的圈子，畅所欲言，在外面的世界中拥有最自在的状态；多少人曾眺望远方，就像自己是一只被困的巨兽，挣不开牢笼，因而对外面的精彩垂涎不已。

齐秦的歌中这样唱："外面的世界很精彩，外面的世界很无奈。"这首歌唱得真好，外出生活的感觉就像婚姻的围城一样，很多人渴望进入围城里，却也同样有很多人渴望逃向城外。小时候，我就想着要离开家去外面生活，觉得如果不去外面的世界里生活，那么我就不能找到最真的自己。而当自己长大后，开始到外面的世界生活后，发现外面世界里的好多事情并不是那么容易，外面的世界很复杂，如果自己不能认真地、仔细地琢磨外面世界的人和事，就不懂如何去拥有更好的生活。

我小时候很享受在外的日子。很多十二三岁的孩子在上学的时候，需要父母去送，在读寄宿学校的时候，会因为想家而号啕大哭，我特别不懂，我不懂只是离开家换一个地方生活，怎么就显得那么痛苦呢？

十二岁的我，因为父母工作忙，哪怕有些害怕，仍独自带着现金，扛着自己的背包挤上通往城里的巴士，去学校报道。在这个过程中，我紧张地看着有人在掏别人口袋里的钱，却只能跟别的学生做出最简单的言语交流："我们一定要小心扒手，虽然身上没有几块钱，但是也要小心才好！"

十八岁的我，因为想要有所改变，抛开所有的同学朋友，在自己攒足了钱以后，独自一人踏上了前往上海的列车，去参加英语学习。那么拥挤的火车上，我缩在一个角落里，人来人往时，我只能蹭别人的位置，可是，却也舍不得让别人没有位置坐。于是，我走到靠近门的位置，而后，一站又一站，又上来了很多人，我开始与许多持站票的人一起聊天，也跟着他们一起啃鸡腿、玉米，说起了让自己印象深刻的那些事情。

二十二岁的我，因为怀揣着"世界那么大，我想去看看"的梦想，跟着一批志同道合的人一起去了南疆，做起了援疆工作者。在那里我认识了不同的人，与不同民族的人一起参加各种活动，学习了维吾尔语，认识了维吾尔字，了解了维吾尔的习俗。越走越远的时候，我更加发现外面的世界是那样的精彩。

每个人活着，都期盼有朝一日能够离开自己的圈子，走得更宽、更广。然而，当有那么一天，你离开了自己的圈子，像个使徒行者一般时，却也同样会感到另一种惆怅。

朋友曾对我说："唐，有时候羡慕你，可以走那么远的路，见那么多的事，我却因为种种琐事不能离开家，羡慕你啊！"我却时常因为她们的话而陷入沉思，因为在生活这场较量中，我们谁都不能说谁好谁坏，所有的生活方式都是自己选择的，所有的日子都是自己决定的，因此没有其他的理由来对此进行吐槽，你若想吐槽，也不过是一种无能为力的尴尬而已。

25 岁的我，对当前的生活感到有些迷茫，想要通过再次行走来改变自己的人生轨迹，然后找到自己想要的路。于是，我向单位写了辞职信，并着手准备辞职的事情。但是周围的很多人都希望我不要冲动，说冲动会让你失去很多，将来或许会感到很无助，没有必要总是去见外面的世界，那么复杂的世界，为什么要不停地去折腾呢？

人这一生，或许会走很多的路，或许会看很多的风景，又或许会接触很多的人。形形色色的人和事，流光掠影的景和物，都在一定程度上让我们期待精彩的世界，同时也让我们畏惧未知的世界。

我试着去寻找自己，开始走进外面的世界。我从新疆来到洛阳，看龙门石窟，进少林寺，看到鬼斧神工的佛像，听着寺中老和尚对我的告诫的话语，在牡丹园里感到心中充满异样；我迈入广东，去体验广东这边的快节奏，做着最基本的工作，在这份工作中犯错、被罚，然后总结、成长；我又跑到长沙，去岳麓书院，去自己曾经路过无数次的湖南广电大厦，看里面的人工作的场面……

一步一步地走，走过大江南北，见过绿洲白杨、沙漠红柳、深海珍珠，我发现，若是自己能够带着兴奋、感恩的心去见外面的世界，外面的世界虽然有些复杂，却不会有多么难过。如果心事重重、无法抬步前行，那么就难以找到自己想要走的方向，也更难以开启自己的新生活，就无法体验这段日子的美好。

其实，如果认真比较，谁也不能说出哪个世界会较好一点。每一个世界中都有它的规则，我们都在按照这个规则行使着我们的权利和义务。年轻的时候多走走，是一种很美好的体验，毕竟等到年老之际，或许又有许多你无法掌控的东西开始操纵你的生命。

走过很多的路，看过很多的人生，你看到的世界并不是最真实的世界。或许怀有一颗兴奋和感恩的心，真的能够获得自己在外面世界的精彩人生。别害怕自己正在走的路，也不要担心外面的世界有多复杂，要知道，外面的世界从来都精彩，用一颗坚定的心去迎接、感受，会体会到别样的风情。但不可迷了心、湿了眼，毕竟人生那么长，要看的还多着呢！

| 49 |

年轻的你，理应勇往直前

在提笔写这篇文章的时候，刚好遇上自己人生中的一道大坎——在选择人生职业与人生伴侣的两个决定一辈子的问题上有了一个纠葛。好长一段时间里，我以一种特别暗淡无光的样子出现在所有的好友、同事与领导面前，强颜欢笑又不知所措，好像什么都放弃了，却又觉得那样不甘心。

我的状态持续了挺长时间，在那近一年的时间里，我对自己失望至极。我不知道自己这样下去会遇到怎样的一个问题，但我内心相当清楚，若是自己一直这样浑浑噩噩下去，斗志会被磨没了，日益增长的年龄也会给自己一种打击，更加会少了勇往直前的勇气。

似乎所有的人在面对抉择的时候都像我一样有着这样、那样的担心，因为累了，所以想要放弃；因为怕了，所以想要退缩；因为没有执着的梦，所以不愿意再继续走下去；也因为害怕自己日渐年长而难以适应时代的瞬息变化，所以以各种各样的借口与理由给自己编排了可以不再努力的借口，似乎凭借着这样那样的借口，自己就真的可以不用再怎么追求。

我见过许多年老退休的人，他们每天过得很舒适，不需要追求什么，只求每天都稳妥地过着。我曾经问过一位阿姨：“你们为什么每次都让年轻人走稳一点、走好一点，多去尝试，可是你们自己却是跳跳广场舞、喝茶闲聊呢？”

阿姨别有深意地说：“因为我们已经过了义无反顾的年纪了，我们现在有的一切都是年轻时候打下的基础，那基础都在我们这个时候给予了反馈，就像我们年轻时候交过的社保、公积金和买过的保险一样，都会在年老的时候给我们回馈。所以，当我们不再年轻的时候，我们可以不再前进，保持一种一般的状态，就着曾经的投资，拥有我们当下的生活。可是年轻人不一样啊！”

年轻人不一样啊，这句话就像是一把重锤打在了我的心里。年轻人到底有什么不一样呢？时间、精力、思维、时代，都是年轻人所拥有的资本，年轻人理应带着一种初生牛犊不怕虎的闯劲，闯入这个纷繁缭乱的世界，用比他人多的时间、比他人更旺盛的精力、比他人更新颖的思维、比他人熟悉的时代变迁，来完成属于你的年轻使命。

领导对我说：“真的要这样狼狈退出吗？真的不想再努力一点、勇往直前吗？真的不愿意再在年轻时多奋斗一下，再看看热情的人民群众，再领略一番塞外风情吗？”

我沉默，此时的沉默或许是无声的反抗，又或许是对自己的一种反思。成长到一定年纪，我们很多人都知道自己需要的是什么，但同样也有很多的东西我们不懂到底是不是需要。

在我决定离开去开启新生活的时候，我时常会思考这样一连串的问题：如果我走了，我用怎样的核心竞争力去面对其他的挑战？我该怎样去获取我的价值？又该如何能够把我想要的纳入我的目标计划中？该怎么实现我的目标？又该怎样完成我年轻拼搏的使命呢？我会害怕吗？我会因为害怕所以不敢走下去吗？

当我和朋友说起我想要离开的事情时，朋友对我说：“如果你只是想要换一个地方去奋斗，如果你并不是因为恐惧和受不了现在工作的环境，而是因为其他的原因，那么，你就考虑走其他的路吧。你一定不能是逃兵，你要把自己能够做的一切都做好了，你只是想要让你的人生充满其他的可能性，所以你才选择离开。这样的话，离开，我支持你，否则我并不觉得是一个好选择。因为年轻，所以执着许多事情，也正因为年轻，所以不该害怕前行。”

“可若是因为想要逃避此刻的工作压力和情感生活，那么我完全不赞同你的做法。因为问题不解决，永远都是问题，人不懂得勇敢地直面问题，解决问题，就不会懂得如何真正地开启新生活；不能开启新生活，如何算得上是拥有自己的计划和目标，又怎么真正对得起自己年轻的心？”

我对朋友的这句话很认可，作为年轻人的我，是必须要勇往直前的，因为自己前进的方向都是自己选择的，前进的条件也是自己设定的。强调“自己”的主要目的是让我们每一个人可以明白：作为一个年轻人，没有退缩的理由和借口，就像阿姨所说的，年轻人可不一样呢！

前不久，25 岁的朋友妮妮给我打电话，说她已经在省城首付了一套 120 平方米的商品房，她骄傲地告诉我：“我没有让家里掏一分钱，我应该可以在两年内把所有的钱都还清，我总算是有房一族了！”

在她上大二的时候，她母亲将自己农村里的房子作抵押，用高利贷借款购买所谓的产品，后来遇上了骗子，败光了所有的钱。房子也不再属于她们。她与母亲发生了激烈的冲突，极尽所能地呵斥了那个做错事情的母亲，看到母亲不停地抹眼泪的那一幕，妮妮忽然长大了。她努力学习，努力上班，努力做好每一件可以让她支付宝中的余额增加的事情。五年的时光，她一刻都没有闲着。毕业的时候，她还清了助学贷款和家中向亲朋好友借的一万块钱，并在自己 25 岁生日的那一天，签订了购房合同。

她说：“我曾经那样恐惧，我总担心如果我不能做到这些事情的话，我的母亲该怎么办？我是年轻人啊，只有我才有可能性，我的母亲她已经完全不能折腾了。如果我都不勇往直前，那么谁来实现我们住房的梦？难道真的要靠嫁个所谓的金龟婿？可是金龟婿哪有那么好找呢？”

每一个年轻人都该有一颗躁动的心、一颗向上的心、一颗勇往直前的心，不要害怕、不要恐惧。年轻的你，理应勇往直前，你如果不去拼搏、不去努力，你永远都不知道你拼搏向上、努力的样子有多美!

所以，当我做好决定想要离开这个地方的时候，我告诉了朋友和领导，我不是因为要逃避才选择离开，我的离开也并不是我梦想的终结，更不是我不愿意再努力向前了，我做好了想要去迎接未来种种挑战的心理准备，也做足了或许将来并没有现在这份工作这样简单与纯粹的准备。可是我需要让自己的人生有各种可能性，需要让我那颗躁动的心，不停地去追逐。

我的领导在我前行的时候告诫我:“因为你年轻,所以有无数的可能性。无论做什么样的事情，无论选择怎样的路，别害怕，人总要经历一些东西才会明白自己最想要走的路是什么，怎么走、如何走，只能自己去摸索。”

人还年轻，要有一颗不断前行的心，用一颗勇往直前的心，让自己的人生之路走得更踏实、更有趣味性和充满挑战。如果不行，再看其他的路，反正往前走就对了！

因此，无论选择哪个方向，在前进的时候、在改变轨道的时候都该抱着一颗勇往直前的心。因为年轻，所以充满着无限的可能，也同样因为年轻，更该对未来充满斗志，无所畏惧，坚定地往前走。

| 50 |

无意外，不青春

大学的时候，我们一行六人兴致勃勃地在完全没有计划的情况下去了崀山，因为没有看天气预报，哪怕在凌晨四点左右就出发了，也没有看到美妙的日出，却看到了云蒸雾集的奇景。我们继续开启了一场计划外的激情漂流，与完全不认识的人来了一场水上搏斗，在这个过程中，几个朋友差点儿溺水，大呼救命，又被大家以“洪荒之力”拉了回来。回到岸边，微风徐徐，铺上我们准备好的零食，边吃边聊边拍照，虽然时不时被人当作卖零食的，竟然也感到一种莫名其妙的乐趣。

这一次的旅行，是由一连串猝不及防的意外组成的，我们甚至都没有算好玩几天、怎么玩，就将这场旅行玩得那么精彩。在这次的旅行中，我们曾讨论过这样一个话题：在你生命中是否有这样的一些可以称得上“惊喜”的意外呢？

大家各抒己见，说了很多。我发现，在大家的认知里，无论是惊喜的意外还是惊悚的意外，都能够让人得到成长、增长见识。朋友最后总结："在我们的生活中，我们永远都不会知道意外和惊喜哪个会被我们先遇到，然而我们确实是会在有些时候惊喜地发现了意外，又能非常荣幸地获得成长。因此，不管怎样，在好运来临之前或厄运降临之际，我们做好充分的准备再出发，不要怕行走的困难。"

在那场讨论之后，我曾认真对我生命中的意外进行琢磨，发现当我人生中出现意外的时候，我内心并不能轻易地接受，一方面自己抗拒那些不可控的存在，另一方面自己对于生命中的意外不知道该如何处置。

比如，我的高考中的意外。高考的那一天，我有些得意忘形，早上没有准时起来，被班主任老师的夺命连环催促之后，才发现自己竟然错过了开考时间。于是拼命往考场赶，赶到考场时，考试时间已经过去近20分钟，差一点儿就不能进考场了。虽然在自己并不拿手的理综科目中的失误并不算意外，可是，却让自己与重点大学失之交臂。

面对这样一个人生抉择中的意外，我甚至都不敢开口告诉我的父亲。父亲得知我的成绩时希望我考虑去复读，让自己没有遗憾。然而我抗拒那渺茫的又一年的复习，抗拒若是再一次出现那样的情形，自己又将如何自处。于是，哪怕是一个普通的二本院校，我也义无反顾地去上了。而就是这样的一个学校，也让我获得了足够的成长，收获了珍贵的友情，经历了奋斗的征程。

所有的成长都只能靠自己，人生的每一步似乎是必然，却又充满着偶然。曾经以为成长这种事情，并不应该由意外构成，它该是每走一步就是自己本子中写下的那样的一个规划，该是自己给自己的一种建设。但是越长大越发现，成长从来就没有固定的轨道，哪怕计划写得很详细，可是总有些突发的事情让你的计划偏离轨道。无意外，不青春。

在我小时候，从没有想过自己有朝一日会到一个离家万里的地方从事政法工作，也从未想过自己会与一个与我信仰不同、民族不同、习惯不同的人结为亲戚。然而，生命总是充满着意外，那些你从未想过的事情，在你成长之后却一点点地改变了你行走的轨迹，渐渐地成为你青春的主流力量。

大学毕业时，我曾想过就在长沙、广州当一个很普通的培训机构的老师，因为我已经拿到了高中教师资格证，拥有了当教师的资格。并且在我的努力下，我已经成功地获得了两家培训机构的合同。可是，在新疆的招录宣传组来到我们学校时，我竟然义无反顾地踏上了新疆之旅，这完完全全是一场意外，我竟然莫名其妙地被命运安排到了新疆，开始接触新疆的人、新疆的事情。这过程痛并快乐，我却从不后悔有这样的一个选择，它让我见识大漠孤烟、红柳胡杨的壮阔与曼妙，也让我感受到民族交融、生生不息的期盼。

无意外，不青春啊！没有谁的生活不是由一连串的意外构成的。人来人往的世界里，每个人都可能会出现各种各样的意外，因为正处于青春阶段，所以才可能会遇到各种未知事。要怎样让自己生命中的一些意外成为惊喜呢？那些生命中的意外或惊喜难道不都是我们自己的直观感受吗？那些生命中的意外或惊喜难道不都是需要我们用心去品味和体验，用我们能够企及的一切手段去创造的存在吗？

去尝试着做，大家或许真的可以拥有惊喜。

| 51 |

因为渴望，所以需要更执着地去追求

不久前，小玉姐问我："想要实现财务自由吗？怎么还不努力地开启自己的第一步呢？我觉得你并不渴望获得财务自由，所以并没有用多少心在这上面，因此你也就没有执着地去追求，也不想经历那样的一个过程。"

我常常会反问自己："你到底要怎样，如何去实现你自己的目标？你是否有真正渴望的东西？是否会去执着地追求梦想？"

我发现自己并没有那样坚定的内心和执着的喜欢，熟悉我的朋友都知道，我是一个对电视剧、游戏甚至看书都没有瘾的人，我甚至都没有让我沉迷的兴趣爱好，我将此归结为我对什么都并不太感兴趣，所以并没有什么可赘述的。然而越是深究，我越发现，若是一个人内心深处没有渴望的存在，什么都是淡淡的，那么或许离成功之路就会远一步。

《火影忍者》是我看过的第一部日本动漫，从第一集到最终完结的那一集，我花了七年时间将它从头到尾地看过一遍，虽然没有往前翻看的习惯，可是贯穿整个动漫的主线是那个看似傻乎乎的鸣人的那份坚定的内心。他清楚地知道自己需要被认可，清楚地知道同伴对于自己的重要性，同样也清楚地知晓于自己而言梦想的意义，他从未迷茫过，哪怕身边的伙伴离开，哪怕恩师去世，他都在哭过之后再一次站起来。他内心执着地追求着自己坚持的东西，所以哪怕带着主角光环，也被很多人追捧。那种对梦想的执着、对内心深切的渴望而追求的心理是意志的一种延续。

因为我从来都没有那种心灵深处的渴望，所以特别羡慕那种从一开始就清楚自己的渴望的人，更加会对那种能执着追求自己内心的渴望的人抱以特别尊敬的态度。

上学的时候，我是高中校报的责编。团委准备了一个挺有意思的面对面询问，因为都知道我喜欢看书，所以他们向我提的问题是：“你是从什么时候开始喜欢读书的？为什么？”当时我的脑子里想了很多个画面，其中一幅画面定格在美术课上，当时讲课的老师对我们一群不认真上课的学生的一声声怒吼：“你们还有什么理由不好好读书！你们坐在这里，不用日晒雨淋，不用辛苦劳作，不用翻山越岭。坐在这宽敞的教室里，有这么多人为你们好好学习而服务着，到底还有什么不满意呢？”

当时年纪小，总觉得老师对我们有偏见，他似乎总觉得特别认真看书的只有那些渴望读书、没有条件读书的人。可是，等到我再成熟一点、再长大一点的时候，我发现曾经老师给予我们的那种看法并非偏见。

在我上大学的时候，我们大学里最主要的标志就是我们的逸夫图书馆大楼。刚进大学的第一天，我的父亲就被那座大楼吸引，他说：“你看，你们学校的这栋楼，里面每一层的藏书都不一样，你如果每天都在这里认真地看，那么四年下来肯定可以‘腹有诗书气自华’！”

当年的我也曾信誓旦旦地说：“对呀，我四年下来一定是个大才女！”然而，因为知道这个图书馆一直存在这儿，不会消逝，也不会关闭，所以我的大学四年并没有多么渴望读一本书。偶尔想起来的时候，就会去图书馆里转一转，借上一本书，然后三天打鱼两天晒网地读一读。四年下来，并没有读多少书，也不曾有过多少沉下心来好好读的心情。

而在开始参加工作的时候，我忽然体会到一种书到用时方恨少的无助感。写一篇文稿，需要找好多资料，某些措辞不知道该如何去改进，有些段落大意不知道如何去充实，全是空洞的话，仿佛让人看到一个没有灵魂的人。我渴望看更多的书，提升自己的思想维度。于是，在工作这样繁忙的时候，我买了挺多书，每天看一个小时，有时候研究书中的遣词造句，有时候则是体会词中深意，有时候则是学习文中大意，一点点地让自己更加喜欢看书。

现在想来，人们往往在渴望的时候，会执着地去做一些事情。因此，若我能够保持一颗渴望成长进步的心，保持一份对于书籍渴望的心情，在生活中给自己一副药，用以调剂，能够让自己沉下心来思索读书与自我提升，便可以让我们在将来的道路上保持一种永远在探索、永远在努力的状态。

你渴望飞得高，那么就要执着地去尝试飞行的感觉，并将那种感觉作为自己的一种追求，不断地去领会，不停地去超越，让自己能够拥有足够的力量去锻造自己冲向蓝天的羽翼；你渴望成为天使，就要专注地去尝试着更包容、更善良，露出温柔的笑，让人看到你奇妙的力量，愿意走向你、拥抱你；你渴望变成女王，就该坚持去锻炼你的本领，磨砺你的才华，升华你的品行，让你一言一行都有魅力，让人能够折服，能够因为这是你而感到荣幸……

你所有渴望的东西，都会让你的精力集中在那里；你的精力在那里，你追求的方向也就定下来了。越是渴望，越要得到；越想得到，越该付出比此前更多的努力，付出更多的艰辛去执着于信念、追求和付出！

| 52 |

你有多快乐，你看到的世界就会有多幸福

我曾一度恨过这个世界，恨这个世界带给我的那些痛苦的回忆和那些我无论如何都不愿意与任何人谈及的难堪与痛苦；我曾想要逃离这个让我感到那样绝望的世界，想着若是死亡能够解决我的问题，那么我就可以选择结束这没有意义的生命；我曾一度讨厌自己、讨厌他人，认为那时的自己根本就不是真实的自己，怎么可以懦弱不堪，又怎么能够让自己感到那般难过！

那段日子，我觉得人生根本就没有任何存在的意义，原因是我无法掌控我人生中的任何一段时光；我无法与父母家人团聚在一起，不能明白他们区别对待他们孩子的真正意思，或许因为爱，又或许因为不够爱；我无法勇敢地牵住我曾经那样深爱的人的手，坚定地走下去，走到幸福的彼岸，任由他人带走了我的爱人，自己却在一边一遍又一遍地告诉自己：“别怕，他会回来的，不会离开的”；我无法认真地把握我工作的节奏，因为一堆

堆的糟心事，我根本无心放在工作上，甚至觉得整个工作空间都让我窒息。

我感到那样的不快乐，就连呼吸都艰难，我甚至怀疑自己存在的意义，这个世界是否就存在着那么多的不幸。别人眼中的美景、美人、富有诗情画意的色彩，在我看来，无非是矫揉造作，无非是故意给人以美感、获取所谓的快活。可是，其实根本就不是的，根本就不该有那样的存在，所有的一切都是灰暗的，都是没有色彩的，都是让人窒息、让人忍不住想要流泪的存在。既然是这样让人痛苦的存在，为什么要留下，又为什么要产生？

因为不快乐，所以，我更容易焦躁。焦躁让我就更容易犯错误。若平时我犯了错误，被人指责，我也只是抱着良好的态度，认真地加以改正。比如我填报表出错了，领导指责我时，我便会匆忙地予以解释。可那段时间我被催促要抓紧时间把工作做出来，还没等领导再次发话，我倒是先火了："再催我就你们自己来弄！"我被接二连三地剥夺了评先评优的机会时，这种狂躁与不满更甚，我甚至觉得这就是专门针对我的一种报复……

因为这种不快乐，我看待事物的感觉更加悲观，更容易产生无聊的情绪，更不懂得与他人相处，更容易因为他人的指责、不经意的言语而流泪，就好像这泪腺是不受控制的，莫名其妙便会落泪。

闺蜜婷对我说："我感觉到你的不快乐，虽然你从来都不说，但是，一个人是否开心，透过她的眼睛是可以看出来的，很多时候，你虽然在笑，但是你的笑却那样苍白，总感觉你要哭了。亲爱的芳，你开心一点，好吗？"

好友伟伟问我："你怎么了，我怎么总感觉你的朋友圈里透着一股子戾气。你不该是这样的人，虽然有时候你说的话并不阴暗，但我总能透过你的朋友圈看到你似乎在挣扎，似乎对这个世界不满，我不知道发生了什么，你到底怎么了？”

我到底怎么了？我自己也不清楚。我跟爸妈说：“我觉得这一年过得特别没有意思，感觉整个世界观、价值观都崩塌了，很不对劲，我看谁都不顺眼，做什么都不称心，怎么做都感觉不应该，我知道自己的不快乐，心里太累了，我真的觉得自己或许抑郁了。”

妈妈听了我的话，很着急，她说：“要不要找个心理医生看一看，要不要换一个地方去走一走，要不然回家休息休息，我们都不会再逼你做任何事情，你就去做你想做的事情就行了。我们都并不需要你给我们创造什么，你过好自己的日子，开开心心的就很好了。”

爸爸听了我的话，很痛心，他说：“怎么就到了这样不开心的地步呢？到底发生了什么事情？你心里到底是怎么想的？人是要经历好多个很痛苦的过程，在生离死别的面前，爱情不如意、工作不顺心都不能算得上最痛苦的。你身体健康，怎么能让自己的心灵满是创伤呢？你要找出让自己不快乐的根源，正视它、面对它、解决它，别怕，不要让自己一直不开心。你开心的时候看到的世界，和你不开心的时候看到的世界，根本是不一样的两个世界！”

父母的话在我的耳边反复回响，我坐上了回程的飞机，在靠窗的位置，我看着云在飘，风景渐渐不见了，顿时感到一阵空虚，眼泪就那样掉了下来。坐在我旁边的一个姑娘看到我掉眼泪，她轻声地问：“你怎么了？不舒服？”

姑娘长得很漂亮，她的神情里充满着担心，陌生人给予的关怀让我感到一种莫名的温暖。我说：“没事，就是忽然不开心了！”

姑娘对我说：“你看，外面的云好漂亮，好像伸手就能抓住，我们能够坐在飞机上看着云，是曾经经过了多少奋斗才有的一次机会，多好啊，我们没有必要不开心，尤其是还不开心地掉眼泪。”

“你开心的时候，或许就是想要趴在窗户上给这些涌动的云拍照，就像刚刚上飞机的孩子，期待着起飞、在空中起舞；你开心的时候，看到来来往往的人也会感到很有意思。若是不开心的话，你只会觉得很烦躁，就像刚刚我问你时，你露出的防备的神情，虽然后来放下了防备。像我的话，如果有人来帮我，我会特别开心，更别说被一个长得也算得上不错的人来帮助了！”她说着咯咯地笑了起来，好像透着幸福一样。

“做个开心的女生吧，你有多开心，你看到的世界就会有多开心，你就更能体会到这个世界里的幸福感。不开心的事情就让它随风飘散，再不开心的事情哭过一场以后就该放下。如果一次哭泣不能做到，那就两次，最多不过三次。泪水迷了眼，会看不清幸福的路，所以努力让自己做一个开心的女生，开心一点。这幸福的世界里，只有那些真正开心的人能够享受真正的幸福时光！”

我回到家里，将自己的心事、长时间里的痛苦一字一句地写进了日记本里，我将它们锁起来，放到了我的小柜子里。我告诉自己，如果我不走出来，那么我永远都不会再翻阅这本小册子，如果我能更开心，那么我总会再来回首这册子。

我跟着父亲去了乡下，去看村中的农民弯腰插麦，我自己也撸起袖子、卷起裤腿下去试了试，我被那滑滑的泥土弄得连摔了几跤，整个人都是泥，大家乐得大笑，我竟然也感到有些快乐。

我去充当了一段时间的淘宝客服小妹，与客户聊产品的时候，感到一阵又一阵的愤怒情绪，可是又能够在这一阵又一阵的情绪中感受到各行各业真的有各自的苦楚，客服小妹在面对刁难的客户时，也是一边打着“亲亲、您……”一边面对电脑抓狂难受。我竟在这样的一种工作环境中也感受到异样的开心。

当我开始变得开心的时候，我能够容忍别人说不好听的话，我看到好多的东西都觉得很有意思，并能够从中找到幸福感。

你有多快乐，你看到的世界就会有多幸福，幸福感是从每个个体的内心体验来感知的。做一个容易开心的人，笑点低一点，不用去思索到底什么值得开心、什么应该开心，而是该开心的时候，就开心地笑。你有多开心，就能从中获得多少幸福感。

| 53 |

如果有风那就飞

在面临人生抉择的时候，我们往往都容易冲动，也容易踌躇不前，想要抓住很多东西，可有时候，却也难以抓住所有的机遇。我时常在机遇流失之后懊恼不已，也时常因为自己不能更好地发展而伤怀不已。若能做到如果有风那就飞，那是多么幸运的事；而如果我们没有那么幸运，等不到我们期待的风，那也该在平日的生活中慢慢地积累力量。

好友苏苏从单位离职准备去当一名从事摄影的自由职业者，在她准备离开前，我们相约在“格调茶店”进行离别前的谈话。见到她的时候，她又恢复了一身清爽的休闲装，摘掉了眼镜，利索的短发还焗上了亮丽的紫色。我感到眼前一亮，同时也不由地担心起她来。

我说：“不觉得挺可惜的吗？你在单位至少也算是一个有点儿资历的人了，这样走了的话，不是就前功尽弃了吗？而且你原来单位里的各种保障和待遇，之后或许也遇不上了，真的想好了要走吗？”

苏苏对我说："其实我算是受够了在单位里的日子，总感觉什么事情都提不起我的兴致，再这样下去，我大概会疯掉。"

"你知道的，我喜欢旅行、摄影，可是我们单位做的事情都是数据测算和统计，虽然这是我大学的选择，可是不一定我就必须要将漫长的一辈子都搭在上面啊。我想过很多种方式去转型，可是一直都没有找到合适的契机，所以，我只能在休息期间充实自己，并给好些专栏投稿。刚开始真的什么门道都抓不到，一年后，专栏的编辑跟我说你可以当我们长驻的撰稿者吗？那感觉真的是天上掉馅饼，这可是一个很好的机会，我抓住了，或许整个人生轨道也都要发生质的改变。"

送她去机场的时候，我按照自己的往常习惯，给她送了一个新疆风景的明信片，上面写着："好风凭借力，送我上青云。愿你在风中，飘向你想要的远方！"

最近，与苏苏聊天，她告诉我，今年已经实现了真正的转型，从刚开始的单纯提供摄影图片，到在专栏里刊登自己的稿件，她也开始有了一个新的身份——设计师。虽然离总监还有一段距离，但现在正一步步地接近，他们杂志社里很多刊物的封面都要由她来负责。她开始不再局限于拍摄室内的人物，渐渐走出封闭的世界，去了许多美景如画的地方，开启了她真正喜欢的事业。

"我真的找到了我的远方，我很感激曾经的自己，那样坚决地开始了我的新生活！"她笑眯眯地对我说着这句话，看着她那丰富的表情，我不由地也变得很开心。

如果有风，那就飞吧。年轻就是资本，有可以选择的自由，也有能够实现许许多多事情的可能性。我们踌躇不前的原因之一或许不是因为我们找不到方向，而是我们缺少了一个能够让我们致力于去做某件事情的契机。就像我的好友苏苏，她是接到了专栏编辑的邀请，才有了勇气辞去现在的工作，让自己投入到另外一个工作中去。

在我还没有开始从事政法工作之前，我做的是心理咨询的工作，来找我咨询的人年龄大都是在20岁左右，带着对未来的迷茫。很多人一无所有，也有很多人带着梦想，却发现通向梦想的阶梯并没有与自己的方向连接在一起。

面对这样一群人，我常常问："你想好了所有的可能性了吗？你觉得做出这样选择会让你接下来的日子过得更好吗？如果有人给你们一个机会或平台，你们真的能够拿到或能够做得好吗？"

基本上来咨询的人都存在这样那样的迷茫，不知道自己到底有什么可能性，因此他们会告诉我这样的答案："我不知道那些可能性，感觉没有一个平台，也感觉如果可以做得更好，还是希望能够做到。可是自己的路，似乎一头到黑了，所以，会觉得好难过。"

我常常会这样想，每一个人的选择，每一条人生的路，它都具有两种可能性，或好或坏。你要开启新的生活，必须要在能保证自己生活的前提之下，这也就是意味着你必须要在适当的时间里做出恰当的选择。如果能安排好自己的人生，如果有那一道东风，去闯闯、去拼拼，那又如何？孔明那样的智者都要借东风才行动，你为何不能等一等东风呢？

我对好友的寄语是"好风凭借力，送我上青云"，其实也是想告诉她，要好好地借助外力，整合好自己的资源优势，让自己能够更好地发展。她已经离职了，那就意味着她不可能再回到现在的这个工作单位，她在做她自己喜欢的事情，也在做需要被他人认可的事情，那么就只能借着这股风，把事情越做越好。

无论是否准备好，只要有人给你一个舞台，你就应当努力在这个舞台上舞出自己的精彩。若是在空中还没有做好飞翔的准备，那么就等到风来的时候尽情地起舞。这样，也不枉风来一场！

有风就飞，飞的方向要顺着风，要能够让风成为你的助力而不是阻力。我们必须要清楚，很多时候，等风来并没有那么容易。我们有多努力去打造一个属于我们的聚能鼎，就能够在未来的某一个时刻等到我们的东风。那个时候，就到了我们能起飞、能更自由地生活的时刻了。

如果有风，我们就利用好这股风，好好地去飞越；如果没有风，我们就在现有的场合里，一点点地凝聚力量，一点点地做好当前该做的事情，让自己的生活变得更有趣，也让自己可以等到风吹来。

| 54 |

做骄阳似火的快乐女孩

“你来到这个世界，就该像那骄阳，似火般绚丽。”近日，我翻开曾经写给未来的自己的信，读到这一篇，原来曾经的我也有那样期待，期待自己的生活变得绚丽多彩，期待自己能够活得像团火。

我诱发自己尝试着做一些改变，改变自己的生活状态，改变自己对于人生的期望和对于生活的期许。因为哪怕是那湖水，也会在外物的激发下有所改变，改变形状、深浅，也改变它原有的组织构成。我期待自己可以骄阳似火地活着，如果不能照耀别人，至少还能燃烧自己。

我时常在思考这样一个问题：如果我不曾认真地生活，不曾按照自己的性子去创造一些属于我自己才能够体验的生活，那么我的人生究竟还有什么意义呢？我不期望自己过得像明星那样万众举目，也不奢望自己像那些富豪那样激情澎湃，我期待的是——我的生活至少能够为我自己创造意义。

在我读《你充满电了吗》一文中，看到了这样一句话："你没法能量满格，是因为你没有主动创造意义。创造意义，就是做有益于别人的事。"其实，我不愿意把自己升格那么高，对于我而言，如果我要保持一种能量满格的状态，我期待自己所做的每一件事情至少对于自己而言是有意义的，这个意义可能并不是那么宏大，或许只是提升自我的品德修养，只是对我而言能够增进知识的储备，只是拥有更强大的对抗一切不安的内心。因为，唯有我自己认为这样做能够让我获得满足，我才更愿意去做这样的事情。

小然妹妹到我这里来的时候，是为了躲避家庭的纠纷，她并没有认真地想要开启自己的新生活。她是一个风风火火的姑娘，来到我家里的时候，跟我说："姐姐，我跟你说啊，我其实一点儿也不喜欢去思索自己的生活，我并不觉得自己能够做出多少大事情。所以，我只要能够给我自己创造一点点价值就够了。"

她想要创造价值，因此，我带她去了社区的一家福利院，与福利院的工作人员说明了她想要做志愿者这个来意后，她开始在福利院做志愿者。工资不高，做的事情也挺多的，可是，我却发现小然的状态越来越好了。她总是精力充沛，回家的时候，也不再是哀号或者无病呻吟，而是计划着明天要做的事情。

"我感觉你最近的生活很有意思，感觉你活泼多了！"吃饭的时候，我说道。

"我和一群志愿者一起给别人服务，我感觉很有意思。姐姐，你知道我看到别人在我的帮助下露出笑脸的时候，是多么开心，好久没有那样纯粹的开心了。感觉在这里我看到了自己的价值，能够给别人带来意义，就是我的价值！”

我为小然的改变感到开心，人如果能够找到自己的价值，让自己骄阳似火地活着，就不至于进入某一种迷惘，比如你该怎样过上一种你认为很活泼、很有劲的生活？你又应该如何给予自己期许，让自己能够在不断前行的路上拥有一种能够改善自己、提高自己的能力？你遇到的人、见过的事究竟能否在某一个时间点上，让你变得更有魅力、更具有美感？

很多时候，我都期待自己能够骄阳似火地活着，就好像这样真的能拥有自己想要的生活。风风火火是我的本性，我不愿意自己锁在某一个角落里，而是希望自己能够在舞台上发光、发亮。但是，想得太多、能做到的不多，所以就会对自己产生一种质疑，因此想要跳出自己的圈子，去看看外面的世界，可是外面的世界并没有那么容易。

其实那样并不容易，不是吗？对于我们每一个人而言，过上自己想要过的生活，拥有自己想要拥有的生活方式，并不是那样简单的。原因无他，我们总不可避免地会遇到一些事情，这些事情会不停地提点着我们：“你要去尝试做这个，但是它会有这样的风险；你可以选择去做那个，可是那也会遇到麻烦。”麻烦容易摆脱吗？没有那么容易，否则怎么能够称得上麻烦呢？

因而你应当选择一条让你觉得自己可以创造意义的路。基于这种意义，它会让你走得更远、走得更好；因为有意义，所以你会好好地干下去；也因为有意义，所以你愿意去真正地为实现这个意义而奋斗、努力。

你生而应当骄阳似火，就把它当作一种人生的意义，选择用这样的意义来圆你的人生美梦与人生期待。

| 55 |

那些伴我们走过的人，感谢你们的微光照耀我前行的路

在我开始提笔写这本书的时候，曾将我的计划告诉很多朋友、同事，我并不期待他们会给予我怎样的肯定和如何去做的勇气，因为每个人要做的事情都是自己认真地反思、总结之后得出的。或许我们并不需要多少鼓励，只是因为大家彼此之间有关联，所以需要以各种各样的方式来获得一种别样的圆满。

在我很小的时候，父母就曾因为我有了第一个带回家玩耍的朋友而感到高兴，虽然年纪小，但我记得当时的父亲说过这样的一句话："我家二女有朋友了呀，好好地玩，也要一起好好学习哦，要珍惜在一起玩的日子呢，一下子就长大了呢。"

那时候年纪小，并不懂父亲话中的意思，觉得父亲可能纯粹是因为我有了新的伙伴而高兴，在长大后重新去体会父亲的话语时，竟发现原来父亲是在教我如何与相伴自己成长的人相处。

很多时候，人们总会期待自己有朝一日成为天空中最耀眼的星。可是哪怕成为一颗耀眼的星星都是一件需要勇气和毅力的事情，更别提成为一颗“最”耀眼的星星了。我和我的小伙伴们曾经讨论过彼此在彼此身边到底意味着怎样的开始和意义——如果我是轨道上的太阳，那么她们就应该是我的星星，就像是一道道微光，在浩瀚的星海中，或许并不耀眼，但是却固守在自己的位置上，闪烁着它的光芒，照亮着周围的路。

在我求学的路上，认识了好多人，学霸、学神到处都是，我曾经以为他们是那种可以随随便便就成功的人，因为我们努力的时候，他们并没有多努力，我以为他们是真的可以不费吹之力取得成功，可是他们并不是。就拿我们社团活动中的晨读来说，我最初认为晨读是我们自己先读一读晨读的材料，然后写出一段感悟，很简单的几行字，再在我们的群里面打出来，跟大家说一说，就相当于每日打卡一样，完成这样一个任务，也算是对自己的一个交代。

可是，在你还停留在对自己简要的所得骄傲的时候，有的群友将晨读的材料结合“如何练就好声音”课程当成每日的一道训练题，每天录自己的音频，通过让大家一起听音的方式，一点点地改变自己声音上的缺陷以及胆怯的心理，学会如何制作音频，并上传到公众平台。而有的群友则将每日晨读形成一个自己的思维网络图，通过自己读到的三点内容予以横向、纵向的扩充，以此来扩展思维的维度。

这个世界就存在这样的美好，或许每个人的力量很微弱，可是每个人都有他的闪光点，而就是因为有这样的闪光点，然后大家相互学习、交流，力量的源泉就开始变为海洋，源源不断地涌入每一个共同交流的人心中，一点点地让每一个人都有了成长、进步的可能性。

在我前行的路上，遇到了很多人，他们教会了我成长的艰辛、生活的苦难，告诉我生活有真情也有谎言。而正因为如此，人们才会显得那么无奈、左右为难，可也正因为如此，所以人们才会有向前冲、向前看的胆识和勇气。

我的好友婷儿，常被我呵斥是笨蛋，因为笨，所以才需要人去疼爱。她是一个傻姑娘，不会好好地对待自己，因为身上有一份责任就忘了她自己也是个 92 年的妹子。她会为了照顾小学弟学妹，替他们挡酒，把自己喝得烂醉；她会为了不让别人挨饿，忙活在厨房，又是切菜又是炒菜，就好像这是自己必须要做的事情。

我的男闺蜜，曾告诉我这样一个道理——喜欢一个人，或许是一眨眼的事情，会去做好多傻事，有时候或许忘记了你喜欢她的原因是什么，也忘记了曾经为获得那个人的喜欢，做过一些什么样的举动。我们说起那些事情的时候，开怀大笑，笑中却还是带着伤感。其实不管是什么原因，因为曾经喜欢过，所以那些被喜欢的人应该是具有人格魅力的。

我的生活导师伟伟，告诉我若是想要做成某件事情，那么你一定可以做好那些事情。虽然你会哭，也会很难受，可是，最终，你会实现你的梦想，能慢慢达成你对自己的期盼。但如果是你在行走的路上渐渐地改变了你最初的梦想，那就是另外一说了。你那么努力，青春又怎么可能被荒废？

因为身边有了越来越多的微光，所以照亮了我们通向未来的路；因为身边有了越来越多的微光，所以才扩宽了我们见识未来的机会；因为身边有了越来越多的微光，所以才延续了我们拥抱未来的愿景。

我认识的那些热血、热心、上进的小伙伴们，他们教会了我如何更好地统筹时间来提高效率、如何更好地利用各个 APP 来完成自己的期待、如何通过学习他人的优点来弥补自己的不足。

我喜欢这些人，要知道，在人生的维度上，我们都在努力地攀爬。每个人的那些闪光点都成为我们人生路上的一道微光，簇拥着成为人生之路上的点缀。

我特别感谢那些曾途径我人生、让我盛放的人，虽然有时候是一段教训，有时候是一种舍去，有时候是一份剥离，但是，更多的是给予了养分、滋补、成全、成长、壮大。在这青春盛开的时候，有那么一群人教会我如何更好地成长，又如何更快地给予；如何拥有那些美满，又如何去填补那些遗憾；如何成全那些爱，又如何放手那些遗憾；如何感恩被赠予的，又如何泯忘被伤害的。

我们多幸运，可以在自己盛放的时节好好地拥抱，可以在盛放的时节中感悟人生的点点滴滴，可以见这么多人、遇到这么多事，爱过、伤过、怕过、走过、期待过、失望过、拥有过、失去过，人生百态，享受过。

往后的人生，如果不再有这些人了，我们还会遇到其他的群体。成长中的我们要不断往前走，至于我们会遇到什么、到底会不会再次盛放，不要怕、不要畏惧，一路向前，一切都会再次开放。

感谢来来往往出现在我生命中的那些人，你们伴我前行、伴我成长，教我生活、助我成才，让我们一路前行、一路高歌，拥有一个更加美好的明天！